道德经与企业治理

与无尤 ◎ 著

吉林出版集团股份有限公司

图书在版编目（CIP）数据

道德经与企业治理 / 与无尤著 . —长春：吉林出版集团股份有限公司，2021.9

ISBN 978-7-5731-0456-4

Ⅰ . ①道… Ⅱ . ①与… Ⅲ . ①《道德经》—应用—企业管理 Ⅳ . ① F272

中国版本图书馆CIP数据核字(2021)第192272号

道德经与企业治理

著　　　者	与无尤	
责 任 编 辑	郭亚维	
封 面 设 计	晴海国际文化	
开　　　本	880mm×1230mm　1/32	
字　　　数	224千	
印　　　张	11	
版　　　次	2021年10月第1版	
印　　　次	2021年10月第1次印刷	

出 版 发 行	吉林出版集团股份有限公司
电　　话	总编办：010-63109269
	发行部：010-63109269
印　　刷	天宇万达印刷有限公司

ISBN 978-7-5731-0456-4　　　　　　　定价：89.00 元

目录

道经

德经

导　读

　　《道德经》是万经之王，是智慧奇书，是强者的哲学。尤其难得的是《道德经》体用合一，有认识论，也有方法论，正因此，才使得《道德经》在两千五百年后仍然是很多成功人士喜欢的人生指南。

　　古往今来，关于《道德经》的解读作品浩瀚繁多，其中不乏优秀之作，但真正把《道德经》之奥义应用于企业治理领域的经典著作并不多见。本书旨在抛砖引玉，以甄共飨。

　　《道德经》内容深奥，包涵广博，非下足功夫不能解也。《道德经与企业治理》延续了《道德经》的思维方式，其内容同样深奥广博，同样需要下足功夫才能领悟。为了使读者能够更好地理解本书的内容，特建议如下：

　　第一步，先熟读【导读】【《道德经》的本真】【创业者学习和传承《道德经》的意义】【关于《道德经》的译解】【澄清几个概念（一）】【澄清几个概念（二）】部分，对《道德经》及《道德经与企业治理》有一个整体的认识。

　　第二步，熟读并尽量背诵【原文】部分。《道德经》文采斐然，辞章华美，朗朗上口，且文章短小，全部原文仅五千来字，背诵下来并不困难。

第三步，精读【译文及解读】部分，可能需要多读几遍才能真正领悟。《道德经》深奥无边，每读一遍都会有新的体会和收获，是可以终身学习的经典。

第四步，学习【企业治理】部分。"企业治理"是本书的重点所在。企业治理完全遵照《道德经》的本义，力求使《道德经》的本义向企业治理输出时能保全无损，因此，与《道德经》的深奥广博相对应，企业治理部分也是比较深奥难懂的，需要付出足够的心力才能领悟。企业治理部分**更侧重于企业及商业的根本，而少有表面化和枝节化的阐述。**

《道德经》文短意丰，具有极大的包容性和开放性，从而使我们在经济、政治、军事、文化、修身养性等诸多方面均能得到其指引。**《道德经与企业治理》重点阐述《道德经》思想在企业治理领域的应用，兼顾企业领导者的个人修养。**

《道德经》的本真

老子是千古圣人，格局宏大，使命非凡，他是为了解决人类发展进程中遇到的重大问题而生的。老子生于春秋，时逢乱世，战争纷起，民不聊生。作为悲天悯人的大圣人，老子岂能坐视不管！于是，老子著《道德经》五千言，教导统治者建立无为而治的大和谐社会。

《道德经》的本质是老子"教导统治者治理天下的教科书"，"治理"是《道德经》的核心命题。贯穿《道德经》全书的核心思想只有四个字——无为而治，整部《道德经》都是在阐述这四个字。而"天下长久的安定和谐"则是老子设想的无为而治的结果，是《道德经》追求的终极结果，是老子的终极理想。

老子设定的《道德经》的目标读者是"国家的统治者"。《道德经》中的"圣人"指代的是"得道的统治者"，是老子心目中理想的统治者，是老子设定的《道德经》的教化成果。因此，《道德经》也被称为"圣人哲学"和"强者哲学"。

为了让统治者更有效地领悟无为而治的思想，老子从创世的高度构建了"道"这一宏大的哲学系统，作为无为而治的理论依据，笔者称之为"援道入国"。

以上便是《道德经》的本真。因此，只有基于"无为而治"的国家治理的角度解读《道德经》才能符合老子的本意，"无为而治"

才是我们学习《道德经》的首要内容。

遗憾的是，古往今来很多人站在"儒家伦理学"的角度译解《道德经》，以至于把《道德经》解读成了个人修身养性的书，这是犯了根本性的错误。事实上，《道德经》和伦理学毫无关系，《道德经》中从来没有提出过和探讨过与伦理学有关的任何话题。

"道"代表老子的创世观。老子的"道"是形而上的道，是超越界的道，是"独立而不改，周行而不殆"的创世之道。宇宙万物皆由道生。

"德"代表老子的世界观。道即是德，德即是道；道是宇宙万物创生的根本驱动力量，德是宇宙万物运行的根本驱动力量；道为体，德为用；道属于超越界，德是道的存在性，是道在存在界的具体体现，存在界当然也包括人类社会；道是宇宙万物诞生的根本原因，德是宇宙万物多姿多彩、生生不息的根本原因。

"无为"代表老子的价值观。"无为"不是不为，而是最高级的为，是"道法自然"的为，是大为。

"无为而治"代表老子的政治观。"无为而治"不是不作为的治理，而是"道法自然"的大治。

不能精准地理解"道、德、无为、无为而治"四个概念，就无从理解《道德经》。

老子毕竟是大圣人，格局宏大，出语不凡，整部《道德经》文短意丰，言辞华美，朗朗上口，格言警句频出。仅从文学角度来看，《道德经》亦堪称古文经典。正因此，很多人从格言警句的角度出发解读《道德经》，把《道德经》当成了个人修身养性的指南。凡是把《道德经》解读为个人修身养性之指南书的，都是把老子的格局看小了，都是对《道德经》的降格解读（不带有任何贬义），笔者称之为"援道入身"。

不过，真理具有普适性，揭示真理的《道德经》当然也不例外。《道德经》的真义的确具有极其广泛的应用空间，政治、军事、商业、文学艺术、家庭、个人等领域均能从中得到指引。鉴于此，我们可以肯定地认为任何对《道德经》的正向解读都有其价值，区别在于距离老子的本意远近不同而已。

当下，对《道德经》的解读和应用主要体现在三个方向：**援道入国，无为而治理天下；援道入企，无为而治理企业；援道入身，无为而治理人生。**其中，"援道入国"是对《道德经》的对位解读；"援道入身"是对《道德经》的降格解读；"援道入企"因解读者的境界不同，可能是对位解读，也可能是降格解读。

对位解读《道德经》，可以从中获得更高品格的指引；降格解读《道德经》，只能获得较低品格的指引。何去何从，就看解读者的境界和格局了。

对《道德经》的本真认定清晰之后，笔者再对《道德经》的版本做一下说明。

由于之前学界对《道德经》的本真认定不够清晰，导致人们对《道德经》的译解无标准可依，而老子《道德经》的原本又无迹可寻，这直接导致两千多年来人们对《道德经》的原文做了太多个人主观化和功能化演绎，使得《道德经》的版本众多，花样百出，进而对今人学习和传承《道德经》造成了极大的困扰。比如，与老子并称为道家代表人物的庄子，虽然没有注解过《道德经》，但他曾较为系统地阐述过"道"的概念，庄子抽离了老子思想中的"社会责任感"和"历史使命感"，而把老子的"道"改造成了他逃避社会责任、消极避世的理论工具。再比如韩非子，他竟然把老子的思想改造成了法家权谋之术的理论工具。还有河上公，他则把《道德经》改造成了方仙道的理论工具。还有苏辙，他简直把《道德经》儒家化了。近现代很多学者受到庄子、河上公和苏辙等人的影响，把《道德经》搞得乱七八糟的，实在令人痛心。

事实上，由于各种原因，我们基本上已经无法确定老子《道德经》的原本了，甚至无法确定哪个版本更接近老子的原本。比如，目前我们所能见到的最早的版本是郭店楚墓竹简本，但我们除了能证明它距离老子的时代更近外，根本无法确定它是不是更接近老子的原本，也就无法确定它的内容是不是更正确，因为我们并不能确定它是不是当时某个人篡改过或者抄录错误的版本。其他的版本也是同样的道理。同时，过于久远的版本也并不适合今天普通话语境下的人们阅读，因为语言文字在这两千多年里已经发生了翻天覆地的变化，即使拿到了老子的原本，恐怕也没几个人能真的读得懂。因此，我们只能在流传下来的版本中选择一个最合适的作为假设的《道德经》的原本了，那王弼本就成了当仁不让的选择，因为它内容最完整、行文最流畅、言辞最合理、流布最广。但不得不承认，由于历史的原因及个人的局限性，王弼的版本也存在少许不足之处。

　　鉴于此，笔者以《道德经》的本真为统合，以王弼本为蓝本，结合和参考了郭店楚墓竹简本、马王堆汉墓帛书本、北大汉简本等三个关键版本，并吸取了古今众多注家的研究成果，对《道德经》原文进行了逐章、逐句、逐字修订，希望给世人提供一个更加合理的标准化版本。

关于《道德经》的译解

完全遵照老子的本意译解《道德经》并不现实，毕竟老子已经离开两千多年了，但最大限度地靠近老子的本意是有可能的。笔者认为，只要把握如下三个原则，就能最大限度地靠近老子的本意。

一. 精准地把握《道德经》的本真，把握老子写作《道德经》的出发点和目的。

老子创立的"道"的确可以作为一个独立的哲学系统存在，但在《道德经》这本书中，"道"却是为"治理"服务的，是老子为"无为而治"创立的理论依据。因此，在译解《道德经》时不能将"道"和"治理"分割开来。

例如第四十二章，原文为：

道生一，一生二，二生三，三生万物。万物负阴而抱阳，冲气以为和。人之所恶，唯孤、寡、不谷，而王公以为称。故物或损之而益，或益之而损。人之所教，我亦教之。强梁者不得其死，吾将以为教父。

有些译家认为"人之所恶，唯孤、寡、不谷，而王公以为称。故物或损之而益，或益之而损。人之所教，我亦教之。强梁者不得其死，吾将以为教父"一段和"道生一，一生二，二生三，三生万物。万物负阴而抱阳，冲气以为和"一段没有内在关联，甚至有人认为"人之所恶……吾将以为教父"一段放错了章节，造成这种困扰的，正是因为没有把握住"道是无为而治的理论依据"这一本真，从而人为地割裂了"道"和"治理"之间的内在逻辑联系。

二．精准地把握"无为而治"这一主线。

《道德经》的本质是老子"教导统治者治理天下的教科书"，"治理"是《道德经》的核心命题。贯穿《道德经》全书的核心思想只有四个字——无为而治，整本《道德经》都是在阐述这四个字。因此，每一章的内容都必须和"无为而治"结合起来去理解，否则就可能出现误解。

例如第十三章，原文为：

宠辱若惊，贵大患若身。何谓宠辱若惊？宠为下，得之若惊，失之若惊，是谓宠辱若惊。何谓贵大患若身？吾所以有大患者，为吾有身，及吾无身，吾有何患？故贵以身为天下，若可寄天下；爱以身为天下，若可托天下。

流行的译解为："得宠和受辱都好像受到惊吓，重视大祸患如同重视身体一样。什么叫作得宠和受辱都好像受到惊吓呢？得宠是卑下的，获得它时好像受到惊吓，失去它时也好像受到惊吓，这就叫作得宠和受辱都好像受到惊吓。什么叫作重视大祸患如同重视身体呢？我之所以有大祸患，是因为我有这个身体，如果我没有这个身体，我还有什么祸患呢？所以重视身体超过天下的人，才可以把天下交付给他；爱惜身体超过天下的人，才可以把天下委托给他"。把自己的身体看得比天下还重要，这样的人反而值得把天下托付给他，这是什么道理？这不正是老子所批判的"甚爱必大费，多藏必厚亡"吗？

一旦把"治理"的主题植入进来，站在统治者的高度，从天下治理的角度来理解这段话，就会豁然开朗："得到人民的宠爱和失去人民的宠爱都像受到惊吓一样，把天下的大祸患视作自己的身体得了大病一样。什么叫宠辱若惊？宠爱是人民赐予的，得到人民的宠爱时好像受到惊吓一样，失去人民的宠爱时也好像受到惊吓一样，就叫作宠辱若惊。什么叫把天下的大祸患视作自己的身体得了大病一样？我之所以会有大祸患，是因为我把天下当做我的身体，如果我不把天下当做我的身体，我还有什么祸患呢？所以，像珍贵自己的身体一样珍贵天下的人，才可以把天下交付给他；像爱惜自己的身体一样爱惜天下的人，才可以把天下委托给他。"

三．精准地把握每一章的主旨和语境。

如果把《道德经》中的每一句话当做格言来看，那么，根据个人的理解随意译解即可，一旦放在特定的语境下，每一句话的含义就有了规定性，就必须和语境相吻合，否则就容易出现误解。

例如第八章，原文为：

上善若水。水善利万物而不争，处众人之所恶，故几于道。居善地，心善渊，与善仁，言善信，正善治，事善能，动善时。夫唯不争，故无尤。

一般都把"善"译解为"善良"，把"上善若水"译解为"最高的善良像水一样"，单独看这四个字，似乎这种译解没什么问题，但放到整章中，就明显的不对了，因为接下来老子对水的描述都和善良无关，而是和"擅长、特长"有关。如果说"水善利万物而不争"是善良，那么空气、太阳、大地都比水更善良，凭什么就非得"上善若水"呢？其实，水根本就没有意识，哪来的善良一说？所以，"上善若水"的正确译解应该是"至高的德性能力就像水善于的那样"，"善"是"善于"的意思，而不是"善良"的意思。

对于"上善若水"的理解直接影响到对下文的理解。把"上善若水"译解为"最高的善良像水一样"的，往往把最后一句"夫唯不争，故无尤"译解为"因为有不争的美德，所以没有怨咎"，把"不争"理解为"真的不争"。当把"上善若水"译解为"至高的德性能力就像水善于的那样"时，就知道"不争"不是真正的不争，而是"以不争至至争"，是更高境界的"争"，相应的，"夫唯不争，故无尤"则应该译解为"因为得道的统治者拥有'不与万物相争'的德性，所以不会引来怨咎"。两种译解的内涵大相径庭。

本书遵循了上述三个原则，以求最大限度地还原《道德经》的本来含义。

创业者学习和传承《道德经》的意义

以迈克尔·波特、彼得·德鲁克和菲利普·科特勒为代表，西方学者构建了完整的现代企业治理知识体系，这些治理知识很快便成了全世界所共同学习的标准化知识。因为有了现代治理知识，使得全球各国的企业发展效率得到了极大的提高。

然而，我们不得不承认的是，西方的现代企业治理是建立在"科学"这一基础概念之上的，是一套偏技术化的知识系统。这种技术化知识的使用标志着企业进入了现代化阶段。但是，西方所建立的技术化的治理知识体系是一种支撑企业现代化的基础知识，如果企业想在竞争中胜出，想发展到更高的境界，那么只有基础知识是不够的，还需要"哲学化的治理知识"，而《道德经》恰恰是古往今来最伟大的"哲学化的治理知识体系"。

区分"科学化治理"和"哲学化治理"的标志是"底层思考"。

所谓"底层思考"指的是关于企业的本原性思考，如"企业的本质""企业存在的终极意义""企业和社会的关系""企业和人的关系""企业的原罪"等。

稍做调研分析便可发现，驱动那些格外卓越的企业发展的往往是哲学化的治理体系，且卓越的企业都有着卓越的核心竞争力和企业文化，这些企业都对底层问题思考得格外透彻，如苹果、谷歌等；而推动那些优秀的企业前进的往往是科学化的治理体系，且优秀的企业往往只有一般的核心竞争力和企业文化，这些企业往往忽略了底层思考，而只倾向于顶层建设，如通用电气、丰田等；而更多的企业则连科学化的治理体系都没有建立起来，自然也就没有核心竞争力和企业文化，这样的企业占中国企业的大多数。

底层思考在中国的企业中尤其缺乏。在现代商业发展的初级阶段，因缺乏底层思考而导致的企业发展问题尚没有太明显地显现出来，但随着竞争的升级以及市场需求的升级，这些问题很快就会非常突出了。

目前看来，现代商业的初级发展阶段已经结束，接下来将进入高级发展阶段，与之相对应，商业竞争也将从机会型竞争和资源型竞争向文化型竞争升级。未来的商业竞争必定是哲学王式的创业家之间的竞争和哲学化的企业治理之间的竞争，也就是说，未来的商业竞争对企业的核心竞争力和文化的要求比现在要高得多。

在这样的背景下，我们就不得不把目光从西方转回到东方，转回到中国，从古老的《道德经》中汲取哲学化治理的伟大智慧，进而推动中国乃至世界企业从科学化治理向哲学化治理飞跃。

基于前面所述，创业家学习和传承《道德经》就显得意义重大了：

首先，在现代商业竞争从初级阶段向高级阶段过渡的特殊时期，恰恰是中国企业弯道超车的绝佳战略机遇期，而《道德经》的哲学化治理智慧正可以帮助中国企业抓住这次战略机遇。如果真的能沉下心来，把《道德经》的哲学化治理智慧导入企业，相信很快便有一批中国企业能够成长为受到国际社会尊重、具有真正强大的国际竞争力的一流企业。

其次，一个国家的综合国力及国际影响力的大小对于其商业的发展及国际竞争力有着直接而巨大的影响，而体现一国实力的终极指标是其文化实力，正因此，中央才及时提出了"大国崛起，文化复兴"这一国策。因而，创业家学习和传承以《道德经》为代表的中国文化具有利国、利商、利企的三重乃至多重意义。

再次，制约中国企业发展的非常重要的一个因素是超级管理人才的缺乏，而只有超级管理者才能打造出超级企业和超级品牌，导致这一尴尬现状的原因之一是我们的企业管理者普遍缺乏哲学化治理的训练，《道德经》中的治理智慧恰恰可以帮助企业补足这一短板。

澄清几个概念（一）

以下 24 个概念是《道德经》中的关键性概念，澄清概念有助于更好地理解《道德经》的内涵。其中多数概念的含义是稳定的，少数概念的含义会随着语境的不同而略有变化。

1. 道

"道"代表老子的创世观。道是宇宙万物创生的根本驱动力量，是宇宙万物诞生的根本原因。道是形而上的，属于超越界。相对于存在界，道是绝对存在。宇宙万物（存在界）皆由道生，皆有"道性"。《道德经》中的表述有："有物混成，先天地生。""无名，万物之始；有名，万物之母。""道生一，一生二，二生三，三生万物。"等。

2. 德

"德"代表老子的世界观。德即是道，是"道之用"。德是宇宙万物运行的根本驱动力量，是宇宙万物多姿多彩、生生不息的根本原因。道和德是体用一体的关系，道为体，德为用；道创生，德畜养；道安静，德生动；道属于超越界，德是道的存在性，是道在存在界的具体体现。宇宙万物皆有"德性"。《道德经》中的表述有："道生之，德畜之。""上德不德，是以有德。"等。

3．无为

"无为"代表老子的价值观。无为是"不妄为、不刻意作为、顺自然而为"等意思的综合，是道的作用方式。无为不是不为，而是顺应万物的本然品性而为，即"顺其自然"，是最高级的为，是大为。《道德经》中的表述有："道常无为而无不为。""是以圣人处无为之事"等。

4．无为而治

"无为而治"代表老子的政治观。"无为而治"不是不作为式的治理，而是顺应天下万物的本然来治理，不强加干涉，不强加控制，是"道法自然"的大治，是终极的和谐。《道德经》中的表述有："为无为，则无不治。"等。

5．自然

"自然"的意思是"自己的本然，也就是自己的本来状态"，是极致的和谐，是无为而治所追求的结果。《道德经》中的表述有："道法自然""百姓皆谓：我自然。""希言，自然。"等。

6．反

"反"是"返回"的意思，是道的运动方式。宇宙万物皆为阴阳和谐体，反就是阴阳之间的互化互生，循环往复。反不是原地转圈，而是更积极地前进，是从平衡走向新的平衡，从和谐走向新的和谐。《道德经》中的表述有："反者道之动。"等。

7. 柔，弱

"柔"和"弱"是"柔弱，顺从"的意思，是道的效用的表现形式。道的作用方式是"顺其自然"，"顺"是对"柔"和"弱"的最佳诠释。《道德经》中的表述有："弱者道之用。""弱之胜强，柔之胜刚。""故坚强者死之徒，柔弱者生之徒。"等。

8. 虚

"虚"是"虚空"的意思，意味着"能容"，是道的品性之一，也是修道的法门之一。《道德经》中的表述有："致虚极，守静笃。""虚而不屈，动而愈出。"等。

9. 静

"静"是"安静"的意思，意味着"不受干扰"，是道的品性之一，也是修道的法门之一。《道德经》中的表述有："致虚极，守静笃。""静为躁君。""归根曰静"等。

10. 明

"明"是"通明，透彻"的意思，即悟道之后豁然开朗、心神通明的状态，是得道后的表现之一。《道德经》中的表述有："知常曰明。""见小曰明。"等。

11. 朴

"朴"是"原木，未经雕琢的木头"的意思，代表着"可能性"，可能性即"创生性"，老子常以朴比喻道。《道德经》中的表述有：

"道常无名，朴。""复归于朴。"等。

12. 谷

"谷"指"山谷"，代表"虚空，包容"，老子常以谷比喻道。《道德经》中的表述有："谷神不死，是谓玄牝。""知其荣，守其辱，为天下谷。"等。

13. 无

"无"是道的存在状态，代表"可能性"。"无"和"有"是互化互生的和谐体。《道德经》中的表述有："天下万物生于有，有生于无"，"有无相生。""故有之以为利，无之以为用。"等。

14. 有

"有"是德的存在状态，代表"存在性"。"有"和"无"是互化互生的和谐体。《道德经》中的表述有："天下万物生于有，有生于无"，"有无相生。""故有之以为利，无之以为用。"等。

15. 善

"善"是"善于，擅长"的意思。《道德经》中的表述有："上善若水。""善为士者，不武；善战者，不怒；善胜敌者，不与；善用人者，为之下。"等。

16. 大

"大"是"大，圆满"的意思，老子常以大比喻道。《道德经》中的表述有："吾不知其名，强字之曰道，强为之名曰大。""大成若缺。""故道大，天大，地大，人亦大。"等。

17. 圣人

"圣人"指"得道的统治者"，是老子心目中理想的统治者，是老子设想的《道德经》的教化成果。《道德经》中的表述有："圣人处无为之事。""圣人抱一为天下式。"等。

18. 生

"生"是"化生，变化"的意思，不是"生产"的意思。《道德经》中的表述有："道生一，一生二，二生三，三生万物。""道生之，德畜之。"等。

19. 天之道

"天之道"是"道"的代称，不是"大自然的规律"或者"上天的法则"的意思。《道德经》中的表述有："天之道，损有余而补不足。""天之道，利而不害。"等。

20. 欲望

凡是超出人之自然性的强行作为都是欲望，欲望源于人的意识。欲望分为"合于道的欲望"和"失于道的欲望"两种。欲望是无为而治的治理对象。在《道德经》中，往往是以具体的作为表达欲望。《道德经》中的表述有："为者败之，执者失之。""服文彩，带利剑，厌饮食，财货有余。"等。

21. 知足

《道德经》中所说的"知足"是指"领悟道的足全",也就是"持守道";"不知足"是指"不能领悟道的足全",也就是"背离道"。俗话说的"知足常乐"具有很强的消极引导,而老子的"知足"却是积极进取的。《道德经》中的表述有:"故知足之足,常足矣。""知足者富,强行者有志。"等。

22. 国

国指的是"诸侯国"。周建朝后,周天子将土地和人民分封给一些先古圣王的后裔、王族、功臣和贵族,让他们建立自己的领地,以拱卫王室,即为诸侯国。这些诸侯国也是后来很多姓氏的源头。

23. 超越界

超越界是一个哲学概念,至今无精准的定义。笔者把超越界定义为:超越于我们所处宇宙的,不受我们所处宇宙的能量和规律制约的神秘领域。"超越界"不是《道德经》中的概念,是笔者解读《道德经》时所使用的概念。

24. 存在界

存在界是一个哲学概念,至今无精准的定义。笔者把存在界定义为:存在界即我们所处的宇宙。"存在界"不是《道德经》中的概念,是笔者解读《道德经》时所使用的概念。

澄清几个概念（二）

以下 13 个概念是"企业治理"中的关键性概念，澄清概念有助于更好地理解《道德经与企业治理》的奥义。

1. 核心竞争力

企业的核心竞争力是指在企业的关键创始人所赋予企业的核心精神的基础上，经由企业的实践活动长期积累和进化而形成的，驱动企业生存和发展的根本力量。

（一）核心竞争力是企业的"道"，是"道之体"。

（二）核心竞争力无形无相、无边无量，存在于企业的方方面面，就像水渗入土里一样，正因为这一品性，使得核心竞争力像"道"一样看不见摸不着，且难以表述。

（三）核心竞争力的运动方式是"反"，效用表现形式是"弱"。

（四）核心竞争力是"周行而不殆"的，是动态的，是不断进化的，是螺旋式上升的，是生生不息的。

（五）核心竞争力是不可模仿的，凡是可以通过投资、招聘、购买、培训学习等方法获得的都不是核心竞争力。

（六）不是所有企业都有核心竞争力。

2．企业文化

企业文化是指在企业的关键创始人所赋予企业的核心精神的基础上，经由企业的实践活动长期积累和进化而形成的，企业的商业认知、理念、知识、气质和作风等精神活动的总和。

（一）企业文化是企业的"德"，是"道之用"，是核心竞争力在企业万有中的具体存在。

（二）企业文化包括文化设计、文化实践和文化反馈三部分。

（三）愿景、使命、价值观和知识是企业文化的四大核心。其中，"愿景"是指企业要去往哪里，"使命"是指企业到达愿景要做的事情，"价值观"是指企业完成使命要采取的方法和态度，"知识"是指企业完成使命所需要的专业技能及相关知识。四者是认识论、方法论和实践论的有机整体。

（四）不是所有企业都有企业文化。

3．企业经营

企业经营指企业的经济运营，指向的是利润，其本质是实现企业利润的最大化及企业的终极目标。

4．企业管理

企业管理指企业内部的管辖治理，指向的是效率，其本质是实现企业资源效用的最大化。

5．品牌

品牌是企业所创造的价值的总标签。

6．品牌文化

品牌文化即企业文化，品牌文化是企业文化的市场化演绎。

7．产品

产品是企业文化在产品层面的演绎，是企业文化实现价值创造的主要环节。

8．产品和品牌的关系

产品形而上为品牌，品牌形而下为产品。

9．市场营销

市场营销是指企业创造价值及价值交换的活动的总和。

10．市场

市场是指进行价值有偿交换的场所。

11．企业

企业是指通过价值创造和价值交换实现营利目的的经济组织。

12．领导者

本书中的领导者特指企业中对企业的生存和发展起关键性作用的决策者。

13．企业治理

企业治理指企业所有活动的总和。

道经

第一章

【原文】

　　道可道，非常道；名可名，非常名。

　　无名，万物之始；有名，万物之母。

　　故常无欲，以观其妙；常有欲，以观其徼（jiào）。

　　此两者，同出而异名，同谓之玄。

　　玄之又玄，众妙之门。

【译文】

　　可以用语言表述的"道"，不是永恒的道；可以用语言表述的
"名"，不是永恒的名。

　　道的名称被界定之前，是万物的起源；道的名称被界定之后，
是万物的母体。

　　只有在虚空的状态下，才能看出道的奥妙；只有在存有的状态
下，才能看出道的广大无边。

　　"万物之始"和"万物之母"，这两者的来源是一样的，但名
称不一样，都可以称为神奇。

　　神奇之中还有神奇，是一切奥妙的总门。

【解读】

本章提纲挈领，讲"道"。

老子先告诉我们道是什么。道是《道德经》整个思想体系的基石。老子的道是超越界的道，是形而上的道，是"究竟真实"，是"创生宇宙万物的根本力量"，是"宇宙万物诞生的根本原因"。因为老子的道是超越界的道，所以这个道无法用存在界的人类的语言来描述，也无法用人类的语言给祂命名。

紧接着，老子告诉我们道和人类认知之间的关系，即"无名，万物之始；有名，万物之母"。在人类给道确定名字之前，道是虚无，是宇宙万物的起源，一旦人类给道界定了"道"这个名字，道就从超越界进入了存在界，成了具体的宇宙万物的母体了。这是一个从无到有，从虚到实的逻辑关系。

再进一步，老子告诉我们应该怎样去体悟道的奥妙和广大无边，即"故常无欲，以观其妙；常有欲，以观其徼"。"常无欲，以观其妙；常有欲，以观其徼"是修道的总法门。如何在"常无欲"和"常有欲"之间灵活切换，如何处理"常无欲"和"常有欲"的关系，是修道者面临的最大挑战。

"故常无欲，以观其妙"。只有进入极致"空虚"和"安静"的状态才能体悟道的奥妙，即"致虚极，守静笃"。如释迦牟尼和达摩祖师的悟道都是在极致虚静的入定状态下完成的（当然，佛家的道和老子的道有所不同，但极致虚静的悟道方式是一样的）。

"常有欲，以观其徼"。只有有了欲求之后，才能由虚入实，从无到有，对道的广大无边有更清晰的认识。

此时，我们就可以理解"玄之又玄，众妙之门"了。道正是那个观照宇宙万物之奥妙的总门。

本章层层递进，让我们对道有了一个宏观的认识。

老子的时代，人们对于大自然的认知是有限的，对于创造宇宙万物和推动宇宙万物运行的力量感到神秘，于是产生了很多幻想，如神仙崇拜等。老子的"道"正是基于这样的社会现实而产生，目的是化解虚无主义，为宇宙万物的由来和去处做一个合理地安顿，进而对人的生命做一个合理的安顿。

"常道"的意思是"永恒的道"，"常"是"长久，经久不变"的意思。

"徼"的意思是"边界"。

"玄"的意思是"神奇，深奥，不容易理解，不容易捉摸"。

本章中容易误解的地方有四个：

1. "道"属于超越界，是创生存在界之万物的根本力量。容易将"道"误解为"自然规律"，自然规律也是宇宙万物的一部分，也是由道创生的。

2. "无名，万物之始；有名，万物之母"的意思是"道的名称被界定之前，是万物的起源；道的名称被界定之后，是万物的母体"，"万物之始"和"万物之母"都是道。容易将"无名，万物之始；有名，万物之母"误解为"'无名'是万物的起源，'有名'

是万物的母体”，或"'无'是万物的起源，'有'是万物的母体"。

另外，也有人将"无名，万物之始；有名，万物之母"断句为"无，名万物之始；有，名万物之母"，在笔者看来，这是由于没有理解上下文的逻辑贯通造成的。万物之始和万物之母只有一个，那就是"道"，不可能再有第二个。

3. "此两者"指"万物之始和万物之母"，容易误解为"无和有"。

4. 需要强调的是：很多人误认为老子是纯粹唯心主义者，这是不对的，因为老子的道是基于宇宙万物的究竟真实而来，是基于对宇宙万物的实际观察而来，既不是神仙崇拜，也不是精神幻想。更加准确地说：老子的道属于超越界，是究竟真实，和唯心、唯物的概念无关。

【企业治理】

企业的"道"是"企业的核心竞争力"。"核心竞争力"是企业所有奥妙的总门，是企业生存发展的根本驱动力量。

长久以来，人们对企业核心竞争力的误解颇多，其中最明显的莫过于"XX 是我们的核心竞争力"。道可道，非常道。核心竞争力也是一样，用三五个字就能表述的核心竞争力一定不是真正的核心竞争力。我们来厘清一下核心竞争力的概念：

企业的核心竞争力是指在企业的关键创始人所赋予企业的核心精神的基础上，经由企业的实践活动长期积累和进化而形成的，驱动企业生存和发展的根本力量。

企业的核心竞争力具有如下特点：

1. 核心竞争力是企业的"道"，是"道体"。企业文化是企业的"德"，是"道用"。

2. 核心竞争力无形无相、无边无量，核心竞争力以企业文化的形式存在于企业的方方面面，就像水渗入土里一样，正因为这一品性，使得核心竞争力像"道"一样看不见摸不着，且难以表述。

3. 核心竞争力的运动方式是"反"，效用表现方式是"弱"。

4. 核心竞争力是"周行而不殆"的，是动态的，不断进化的，是螺旋式上升的。

5. 核心竞争力是不可模仿的，凡是可以通过投资、招聘、购买、培训学习等方法获得的都不是核心竞争力。

6. 不是所有企业都有核心竞争力。

核心竞争力是企业的动力总源泉，卓越的领导者能够将企业的各个要素与核心竞争力形成最佳配称，进而打造一个流畅而高效的动力系统。卓越的领导者懂得如何使核心竞争力更加强大，而拙劣的领导者会造成核心竞争力的不断削减。

第二章

【原文】

天下皆知美之为美，斯恶已；

皆知善之为善，斯不善已。

故有无相生，难易相成，长短相形，高下相倾，音声相和（hé），前后相随。

是以圣人处无为之事，行不言之教。

万物作焉而不辞。

生而不有，为而不恃，功成而弗（fú）居。

夫唯弗居，是以不去。

【译文】

天下人都知道怎么样算是美好，就有了丑恶的存在；

都知道怎么样算是善于用道，就有了背离道的存在。

所以有和无互相化生，难和易互相形成，长和短互相显现，高和下互相依存，音和声互相和谐，前和后互相接随。

所以，圣人用无为的方式治理天下，用不言的方式施行教化。

万物依赖道而生存发展，道从不会拒绝。

生养万物而不据为己有，化育万物而不仗恃己力，成就万物而不居功。

正因为不居功，所以功业不会离开他。

【解读】

这一章开始"援道入国"，讲"无为而治"。

超越界的道是绝对的，而存在界的万物都是相对的。在存在界，孤阴不生，独阳不长。没有丑恶，美好就无从存在；没有不善于用道，也就没有善于用道之说；没有长就没有短，没有高就没有低……老子告诉我们，必须同时看到事物的阴阳两面，洞悉阴阳之间的相对性和统一性，这叫作"万物负阴而抱阳，冲气以为和"。"负阴而抱阳，冲气以为和"是万物的存在状态，统治者要遵从万物本来的存在状态，施行"无为而治"。无为而治的最好办法是"处无为之事，行不言之教"，也就是"顺其自然"。

"圣人处无为之事"不是不作为，而是善于把握根本，只要根本对了，至于具体的行为事务就无需多管了，给万物生长的自由，这样才能实现欣欣向荣的结果。同样的道理，"行不言之教"也不是不说话，而是在根本上确立规范，树立标准，让一切运行在秩序上，结果自然是好的。

处无为之事，行不言之教，自然会功业千秋。而圣人不占有、不控制、不居功，最后天下反而不会离他而去，这叫作"夫唯弗居，是以不去"，也叫作"以其无私，故能成其私"。

需要注意的是，"生而不有，为而不恃，功成而弗居"这段话并不是说统治者什么都不要，什么都放弃了。老子从来不会，也的确没有倡导统治者放弃一切，这一点从老子倡导无为而治就能看出来，如果统治者什么都不要，什么都放弃了，还修什么道？还管什么天下？还搞什么无为而治？老子讲求的是"夫唯不争，故天下莫能与之争"和"以其无私，故能成其私"。

本章中容易误解的地方有两个：

1. "美"指代一切"美好"，容易误解为"美丽，漂亮"。"恶"指代一切"丑恶"，容易误解为"丑，难看"。这就是老子以"恶"对"美"，而不是以"丑"对"美"的原因。

2. "善"的意思是"善于用道"，容易误解为"善良"。"不善"的意思是"不善于用道"，容易误解为"不善良"。这就是老子以"不善"对"善"，而不是以"恶"对"善"的原因。

【企业治理】

一．世上没有绝对性，只有相对性。

1. 不要过度追求完美。绝对的、万无一失的事是不存在的，因为"满"和"缺"是阴阳一体的。因此，卓越的领导者从来不会妄图打造完美无缺的企业和产品。

2. 善用阴阳互化。永远不要只看事物的一面，永远不要静态地看待事物。任何事物都是在生与死、危与机、利与弊、得与失之间动态转化的。绝大多数的失败都是"绝对性思维"造成的。红海之中蕴藏着蓝海机遇，蓝海之中蕴藏着红海危机；今天跑得快意味着正在为明天挖坑，今天跑得慢恰恰积累着明天快速奔跑的能量；团队一片祥和，可能暗流涌动；销量节节高升，可能危机四伏。

二．处无为之事，行不言之教。

1. 竞争导向。商业是没有硝烟的战场，企业的本性是竞争，一旦迷失了本性，企业就会失控，就会遭殃。因此，顶层设计必须是竞争导向的，也必须是基于核心竞争力而生的。

2. 游戏规则比天大。领导者必须为企业设计好"符合核心竞争力和企业文化的游戏规则"，没有游戏规则就不要谈成功。游戏规则设计好以后，就不要管了，让规则自主发挥，自主运行，这就是"处无为之事，行不言之教"。

3. 文化是企业的"德"。商业竞争的终极之战是企业文化的竞争，也就是核心竞争力的竞争。凡是基业长青的企业一定有着极强的企业文化。强文化造就强企业，弱文化造就弱企业，这是规律。很多企业存在"文化泛化"和"文化空心化"的误区，下面厘清一下企业文化的概念：

企业文化是指在企业的关键创始人所赋予企业的核心精神的基础上，经由企业的核心管理层长期实践而形成的，企业的商业认知、理念、知识、气质和作风等精神活动的总和。

企业文化包括文化设计、文化实践和文化反馈三部分。愿景、使命、价值观和知识是企业文化的四大核心，其中，"愿景"指企业要去往哪里，"使命"指企业到达愿景要做的事情，"价值观"

指企业完成使命要采取的方式方法，"知识"指企业完成使命需要具备的技能及相关知识。四者是一个认识论、方法论和实践论的有机整体。

企业文化和品牌文化是阴阳一体的，企业文化内化为企业文化，外化为品牌文化，连接和贯穿企业文化和品牌文化的是价值观。很多人将品牌文化和企业文化割裂开来，是不对的。品牌发展的终极状态是市场对品牌的文化认同，是包含价值创造、作风、气质、审美在内的品牌文化的认同，从而将品牌文化与消费者的生活文化融会贯通。这就是为什么很多品牌会成为消费者表达身份的标签的原因，品牌标签的实质是"文化标签"。

核心竞争力是企业的"道"，企业文化是企业的"德"；核心竞争力是"道之体"，企业文化是"道之用"；企业文化是核心竞争力在企业活动中的具体存在。

在信息化和智能化的时代背景下，很多企业家认为核心竞争力和企业文化已经过时，"技术""生态""平台""系统"等将取代核心竞争力和企业文化而成为企业赖以生存和发展的根本，这种错误的认识是致命的，如果不能及时认识到核心竞争力和企业文化才是企业永远的总驱动力，企业早晚会陷入绝境。

三．功成而弗居。

1. 领导者的商业观。领导者对商业的认知及其从事商业活动的初心和使命，构成其商业观。不忘初心，牢记使命，自然不会留恋名利，不会贪功抢功，自然愿意将功劳分享给下属。欲成大事，必有大格局、大胸怀、大境界。那些格局跟针鼻儿一样小的领导者整天喊着要做天下第一，简直是痴心妄想。

2. 大舍才有大得。"舍"包括舍财和舍权。舍财：把财富让给员工、消费者和合作者，企业反而能得到员工和市场的拥护，能得到更好更快的发展，凡是把口袋捂得紧紧的领导者都成不了大事。舍权：在游戏规则下给予下属足够的自主权，使人尽其才、物尽其用，这样才能得到一片欣欣向荣的森林。

3. 甘于做背后的人。"后其身而身先，外其身而身存"。一个甘于做背后的人的领导者才是真正卓越的领导者。

第三章

【原文】

不尚贤，使民不争；

不贵难得之货，使民不为盗；

不见（xiàn）可欲，使民心不乱。

是以圣人之治：虚其心，实其腹；弱其志，强其骨。

常使民无知无欲，使夫知者不敢为也。

为无为，则无不治。

【译文】

不推崇杰出的人，人民就不会竞争较量；

不重视稀有的东西，人民就不会去做盗贼；

不展示足以引起贪欲的事物，人民的心思就不会迷乱。

所以，得道的统治者是这样治理天下的：简化人民的心机，填饱人民的肚子；减弱人民的意志，强化人民的筋骨。

总是使人民没有心机智巧，没有欲望，致使那些有心机智巧的人也不敢妄为造事。

得道的统治者依循"无为而治"的原则，天下就不会不太平了。

【解读】

这一章讲"无为而治",指出了"欲望是人心迷乱的根源"。

"无为而治"治理的是人的"欲望"。老子认为追名逐利,也就是贪欲是导致民心迷乱、社会纷争的根本原因,因此,老子希望统治者治理天下时,不要给人民滋生贪欲的由头,使人民长期保持淳厚朴真的品性。

人们很容易误以为本章是老子"愚民思想"的表达。实际上,老子倡导的无为而治是肯定"竞争"和"发展"的,老子不仅始终主张"弊而新成",而且希望人民过上富足而幸福的生活,即"甘其食,美其服,安其居,乐其俗",老子只是强调统治者要顺应万物的本性禀赋而为,不要妄为。

本章中容易误解的地方有两个:

1. "无知"的意思是"没有心机智巧",容易误解为"没有知识"。
2. "知者"的意思是"有心机智巧的人",容易误解为"有知识的人"或"明智的人"。

【企业治理】

一.正用本章。

这一章的思想对于企业管理外部市场和内部团队都有很大的借鉴意义,但应用起来非常微妙,要求领导者要有很高的智慧。法本无祖，术本无状，师之于心，得之于象。如何妙用本章，全看领导者的悟性了，在此不展开阐述。

二．反用本章。

1. 对内管理：领导者要清晰哪些是可以激起团队欲望的"难得之货"和"贤人"，然后利用难得之货和贤人激励团队。

2. 对外管理：领导者要清晰哪些是可以激起消费者欲望的"难得之货"和"贤人"，然后利用难得之货和贤人激励消费。

三．虚其心。

对内，使团队保持对工作的专注，减少其他欲望的干扰。对外，使消费者保持对品牌的忠诚，减少其他欲望的干扰。

四．实其腹。

对内，给足机会、知识和收益。对外，给足价值，包括使用价值和文化价值。

第四章

【原文】

道冲，而用之或不盈。

渊兮，似万物之宗。

湛兮，似或存。

吾不知谁之子，象帝之先。

【译文】

道是空虚的，如果用祂装东西，似乎永远不会盈满。

道那么渊深啊，好像是万物的本源。

道是那么沉静透明啊，像是若有若无地存在着。

我不知道道是谁的孩子，好像在上帝之前就已经存在了。

【解读】

这一章进一步描述"道"。

道是空虚的，空虚到没有极限，永远不会盈满，即"用之或不盈"。因此，道才能永不停息地创生万物，从而"渊兮，似万物之宗"。

"吾不知谁之子，象帝之先。"老子创立"道"，正是要帮助人们从"天帝崇拜"的虚无主义中解脱出来，回归现实，所以"象帝之先"是正话反说，表面看来语气不太肯定，实际上是非常肯定地告诉人们"道比天帝还早出现，道才是宇宙万物的唯一起源"。老子在第二十五章中就非常肯定地说："有物混成，先天地生。"

"冲"的意思是"空虚"。

"渊"的意思是"深，深远"。

"湛"的意思是"清澈"。

本章中容易误解的地方有两个：

1. "道冲，而用之或不盈"的意思是"道是空虚的，如果用祂装东西，似乎永远不会盈满"，其中"用"是"使用"的意思。容易将"道冲，而用之或不盈"错误地断句为"道，冲而用之或不盈"，误解为"道，空虚而作用似乎没有极限"，把"用"误解为"作用"。

2. 有人在"渊兮，似万物之宗"后加了"挫其锐，解其纷，和其光，同其尘"一句，不妥。因为，如果将"挫其锐，解其纷，和其光，同其尘"译解为"道顿挫万物之锐气，排除万物之纷杂，调和万物之光芒，混同万物之尘垢"，则与上下文完全脱节，因为上下文说的是道，而不是万物；如果将"挫其锐，解其纷，和其光，同其尘"译解为"道收敛自己的锐气，排除自己的纷杂，调和自己的光芒，混同自己的尘垢"，则说明道是有"锐气、纷杂、光芒、尘垢"的，则与下一句"湛兮，似或存"相互矛盾，而且老子在第十四章中说得很明白："其上不曒，其下不昧。绳绳兮不可名，复归于无物。是谓无状之状，无物之象，是谓惚恍。"也就是说道是没有"锐气、纷杂、光芒、尘垢"这些东西的。因而，"挫其锐，解其纷，和其光，同其尘"一句放在本章，无论怎么译解都不合适，故而笔者断定此句放在本章为画蛇添足。

【企业治理】

"善渊"是核心竞争力的重要品性，核心竞争力就像大海，空虚而永远不会盈满，故而可以支撑企业永续发展。如果一个企业动不动就遇到了"瓶颈"，或碰到了"天花板"，那只能说明核心竞争力是有致命缺陷的，或者说压根儿就没有核心竞争力。

使核心竞争力"善渊"其实很简单，只要关键创始人把关注的焦点放在"底层思考"，放在"人类的福祉"上，那么，核心竞争力就必定"渊兮，似万物之宗"。

第五章

【原文】

天地不仁，以万物为刍（chú）狗。

圣人不仁，以百姓为刍狗。

天地之间，其犹橐（tuó）龠（yuè）乎！

虚而不屈，动而愈出。

多言数（sù）穷，不如守中。

【译文】

道没有偏爱，把万物当做刍狗一样，任其自然枯荣。

得道的统治者像道一样没有偏爱，把百姓当做刍狗一样，任其依照本性自然发展。

道，好像是一个风箱啊！

风箱虽然是空虚的，但永不穷竭，越是鼓动它风就越多，生生不息。

言辞政令太多，很快就会走投无路，不如保持虚静少言。

【解读】

本章讲"无为而治",强调了"多言数穷,不如守中"。

"天地"指代"道"。宇宙万物均由道生,因此,道对万物一视同仁,无为而无不为,所以万物生生不息;得道的统治者效法道,对百姓也一视同仁,无为而无不为,所以天下和谐安定。其实,天地万物本身就充满了生生不息的禀赋,给其依照本性禀赋发展的自由才是最好的治理。政令太多,干涉太多,反而会束缚百姓的生机。得道的统治者都懂得"虚而不屈,动而愈出"的道理。

自古以来,关于得道的统治者"以百姓为刍狗"的原因争论不休。其实,老子只是想表达"统治者效法道,以一视同仁的态度对待百姓",并没有歧视百姓的意思。"一视同仁,道法自然,无为而治"才是对百姓最好的爱护和尊重。

"刍狗"是"古代祭祀用的用草扎成的狗"。

"橐龠"是"鼓风用的风箱"。

"多言"的意思是"政令繁多",与"不言之教,无为之事"相反,说的是统治者背离无为而治,对百姓干涉太多。

"数"同"速",意思是"很快"。

【企业治理】

"守中"之一:卓越的领导者都善于在顶层方面有所作为,而在执行层方面保持虚静，然后让团队在游戏规则下自由发挥，这样的企业必定是生生不息的。

"守中"之二：卓越的领导者不会频繁地推出令人眼花缭乱的政令和动作，而是善于"在价值链的关键点上创新"，蛇打七寸，一击致命。那些三天推出一款新产品，五天搞出一个新模式的企业，往往死得很快。

第六章

【原文】

谷神不死，是谓玄牝（pìn）。

玄牝之门，是谓天地根。

绵绵若存，用之不勤。

【译文】

道虚空而化育无穷，永不止歇，叫作神奇的生殖力。

神奇的生殖力有一个总门，叫作宇宙万物的根源。

道的神奇的生殖力若隐若现地存在着，连绵不绝，永远没有用完的时候。

【解读】

本章还是描述"道"。

老子把道比喻为"谷"，以表达道"虚空能容"的品性；把道比喻为"神"，以表达道是一种神奇的无处不应的化育力量，即"谷神不死，是谓玄牝"。道有一种神奇的生殖力，能创生万物，而这种生殖力有一个总门，是宇宙万物的起源，即"玄牝之门，是谓天地根"。"玄牝之门，是谓天地根"呼应了第一章中的"众妙之门"和"万物之母"。

"谷"的意思是"虚空"。
"神"的意思是"变化，无所不应"。
"不死"的意思是"不会穷竭"。
"牝"即"雌性"，与"牡"相对，这里引申为"生殖力"。
"天地"指的是"自然界的天和地"，即"宇宙万物"。
"勤"的意思是"尽"。

【企业治理】

核心竞争力是企业的"玄牝之门"，是创生企业万有的神奇的生殖力。卓越的领导者善于通过核心竞争力化育企业万有，特别是产品和品牌；同时，再以企业万有反哺核心竞争力，进而形成循环往复之蓬勃生机。

核心竞争力和企业万有之间的一出一反，便产生无穷化育。因为不失道，所以我们经常看到某些卓越的企业推出的每一款新产品、每一个新动作，都能引起巨大的市场反响，也就是传说中的一呼百应。如果新产品或新动作市场反响平平，领导者首先要观照核心竞争力，看产品或活动是否背离了核心竞争力；如果没有背离核心竞争力，那就是核心竞争力自身出了问题，一般而言，问题多数在于核心竞争力的势能不足。

核心竞争力就像一个水库，能转化为多大的动能，能发多少电，取决于水库中水的多少，也就是势能的强弱。所以，卓越的领导者把主要精力用在水库上，拙劣的领导者把主要精力用在电线上。

第七章

【原文】

天长地久。

天地所以能长且久者，以其不自生，故能长生。

是以圣人后其身而身先，外其身而身存。

非以其无私邪（yé）？故能成其私。

【译文】

道是恒长久远的。

道之所以能够恒长久远，是因为道的化育从来不是为了自己，所以能够持续地存在下去。

所以，得道的统治者把个人利益放在天下之后，结果反而得到了最大的利益；不在意自己的个人利益，结果反而保全了自己的个人利益。

不正是因为他没有私心吗？所以达成了他的私心。

【解读】

本章讲"无为而治"，强调了"无私"。

"公"和"私"是阴阳一体的互化互生的关系，一旦公到了极致便会转化为私，这就是"以至公至至私"的逻辑原理。古往今来这样的例子很多。一些人一心为公，结果却得到了最大的名利。

正是因为道从来没有任何私心，"生而不有，为而不恃，长而不宰"，因此，最终只有道才是永恒不灭的。得道的统治者效法道，无为而治，"以其无私，故能成其私"。

本章中容易误解的地方有两个：

1. "天地"指代"道"，容易误解为自然界的"天和地"。同理，"天长地久"的意思是"道是恒长久远的"，容易误解为"天延续着，地持久着"。自然界的天地并不是永恒的，只有道才是永恒的。

2. "是以圣人后其身而身先，外其身而身存"的意思是"所以，得道的统治者把个人利益放在天下之后，结果反而得到了最大的利益；不在意自己的个人利益，结果反而保全了自己的个人利益"，与"天地所以能长且久者，以其不自生，故能长生"和"非以其无私邪？故能成其私"在意思上是前后贯通的，"身"指代的是"个人利益"，而不是"身体或生命"。"是以圣人后其身而身先，外其身而身存"容易误解为"圣人退居众人之后，结果反而站在众人之前；不在意自己的生命，结果反而保全了生命"。

【企业治理】

一．百年企业。

基业长青的企业都有一个共同点：把员工的利益放在第一位，都会优先成就员工，卓越的领导者深谙"成就员工，成就企业"的道理。

那些心心念念"老子才是企业的老大"，时时事事都把自己的利益摆在第一位的领导者，做做小生意可以，想做百年企业，门儿都没有。

二．百年品牌。

基业长青的企业都会把消费者的利益放在前头，企业的一切行为围绕着消费者的需求展开，给予消费者最合理的价值，从而得到消费者的拥护和忠诚，最终获益最大的反而是企业。卓越的领导者都是"以其无私，故能成其私"哲理的践行者。

那些想尽一切办法算计消费者和合作者，挖空心思榨取消费者和合作者的企业，也许可以得逞一时，但一定难以持久。

第八章

【原文】

上善若水。

水善利万物而不争，处众人之所恶，故几（jī）于道。

居善地，心善渊，与善仁，言善信，正善治，事善能，动善时。

夫唯不争，故无尤。

【译文】

至高的德性能力就像水善于的那样。

水善于帮助万物而不与万物相争，处在众人所厌恶的地方，所以很接近道。

得道的统治者像水一样：善于选择地形安排自己的位置，善于使心思保持虚空深远，善于以仁爱的态度付出，善于恪守言信行果的原则，善于以衡准持正的原则治理天下，善于以顺势而为的原则处事，善于把握合适的时机行动。

因为得道的统治者拥有像水一样"不与万物相争"的德性能力，所以不会引来怨咎。

【解读】

本章讲"无为而治",其中"水之七德"需格外用心领悟。

道"视之不见,听之不闻,搏之不得",因而难以描述,鉴于此,老子以水喻道,好使人们对道的品性有一个相对直观的认识。但水毕竟不等于道,所以老子说"故几于道",也就是说水的品性很接近道。

"居善地,心善渊,与善仁,言善信,正善治,事善能,动善时"是水的七个品性(七个特长),称为"水之七德"。对水之七德的理解可参考苏辙在《道德真经注》中的描述:"避高趋下,未尝有所逆,善地也;空虚静默,深不可测,善渊也;利泽万物,施而不求报,善仁也;圆必旋,方必折,塞必止,决必流,善信也;洗涤群秽,平准高下,善治也;遇物赋形,而不留于一,善能也;冬凝春泮(pàn,溶解的意思),涸溢不失节,善时也。"苏辙对水之七德的解读堪称经典,非常精准。

统治者一旦领悟了水的品性——善利万物、处众人之所恶、不争、七德,就是悟道了,就是做到了"以不争至至争",从而可以实现"以至公至至私"的人生至高成就。这就是老子心目中"无为而治"的样子。

"善"的意思是"善于,在某方面拥有特长"。
"几"的意思是"几乎,将近,差一点"。
"地"在这里是动词,意思是"选择地形以安排自己的位置"。

"渊"在这里是动词，意思是"保持虚空深远"。

"仁"在这里是动词，意思是"保持仁爱的态度"。

"信"在这里是动词，意思是"保持诚信的原则"。

"正"通"政"。

"治"在这里是动词，意思是"以衡准持正的原则治理"。

"能"在这里是动词，意思是"能动"，引申为"顺势而为"。

"时"在这里是动词，意思是"把握合适的时机"。

本章中容易误解的地方有两个：

1. "善"是"善于，在某方面拥有特长"的意思，容易误解为"善良"。

2. 对于"上善若水"的误解由来已久，需要格外注意，所以单独拿出来强调一番。"上善若水"的意思是"至高的德性能力就像水善于的那样"，完全不是"最大的善良像水一样"，水没有意识，当然也就没有善恶的概念，但水的特长非常厉害，值得学习。整部《道德经》中的"善"均为"善于"的意思，均和"善良"无关。

【企业治理】

一·避高趋下，未尝有所逆，善地也。

1. 方向确定后，就要坚定不移地执行下去，绝不能动不动就退缩或放弃。

2. 遇到困难时，要敢于迎难而上，实力不够时要懂得迂回和变通，实力足够时要敢于碾压式前进。

3. 品牌似水。品牌的出发点是企业的核心竞争力，目的地是消费者的心智，在品牌到达目的地的过程中，必然会遇到数不清的困难，卓越的领导者懂得"避高趋下"，善用环境，灵活机动地到达目的地。

二．空虚静默，深不可测，善渊也。

1. 要善于营造空虚之境，以给予外部能量一个汇聚和进入的空间。

2. 要懂得掩藏实力和动机，不要被人一眼看穿。

3. 品牌似水。卓越的领导者善于赋予品牌幽深阔广的品性，以容纳消费者的精神寄托和价值依赖。拙劣的领导者往往让品牌流于浅薄苍白，从而无容纳之力，消费者当然会弃之远去。

三．利泽万物，施而不求报，善仁也。

1. 要懂得"大舍即大得"的道理，敢于付出。

2. 付出时不要拖泥带水、遮遮掩掩、犹犹豫豫，要保持足够的真诚和友爱。

3. 品牌似水。品牌到达目的地的方式是"渗透"，卓越的领导者善于通过品牌大规模地、汹涌地、绵长地向消费者输出价值，真正让消费者得到好处，帮助消费者提高生活品质，进而使品牌渗入到消费者的生活中去，使消费者明知品牌的存在，却无法将品牌从生活中分离开去。

四 . 圆必旋，方必折，塞必止，决必流，善信也。

1. 言必行，行必果。

2. 要遵守游戏规则，该旋则旋，该折则折，该止则止，该动则动。

3. 要善于利用"诚信"的力量。

4. 品牌似水。卓越的领导者从来不会让品牌生硬莽撞地冲撞消费者的心智，导致消费者的刺痛和反感，而是以信为矛，让消费者真心地接受品牌、认可品牌、信赖品牌。

五 . 洗涤群秽，平准高下，善治也。

1. 海之所以大，因其勇于藏污纳垢，卓越的领导者要敢于"吸纳"，更要善于"净化"，使不和谐的和谐，使不干净的干净。如何把握净化的度，是一门极大的学问。

2. 卓越的领导者必须懂得"持正衡准"的妙用，既要保持高下的平衡，也要保持高下的积极性和进取心，不能顾此失彼。

3. 营销似水。营销的核心任务是"价值管理"，包括价值的创造、传播、交易、输送、反馈等。卓越的领导者善于平衡和持正，使价值得以科学合理地分配；善于吸纳各方意见反馈，使价值创造更加有的放矢；善于衡准各方力量，使价值传输更加高效精准。

六 . 遇物赋形，而不留于一，善能也。

1. 兵无常势，水无常形。卓越的领导者善于根据环境的变化灵活决策，顺势而为，绝不僵化不灵。

2. 营销似水。营销是柔和变通的学问。在保持品性禀赋不变的情况下，因时、因地、因人变化，这样才能使品牌得以"前行"和"渗透"。僵化刻板、不懂变通的领导者会将企业带入万劫不复之地。

七．冬凝春泮，润溢不失节，善时也。

1. 营销似水。一切成功都是"因缘和合"的结果，因是企业的价值创造和市场需求，缘是时机。卓越的领导者总是善于把握因和缘之间的最佳结合点，而拙劣的领导者总是将因和缘割裂开来。

2. 卓越的领导者能够清晰地认识时机，精准地判断时机，果断地把握时机。拙劣的领导者往往不能清晰地认识时机，胡乱地说这个是时机，那个是时机，乱搞一通，最后赔了夫人又折兵。

3. 卓越的领导者静若处子，动似脱兔，不冒进，不盲动，善于等待，一旦时机成熟，则一击而中。拙劣的领导者总是毛毛躁躁，该动的时候不动，不该动的时候瞎动，总是干一些"差之毫厘谬以千里"的蠢事。

第九章

持而盈之，不如其已；

揣（zhuī）而锐之，不可长保。

金玉满堂，莫之能守；

富贵而骄，自遗其咎。

功遂（suì）身退，天之道。

【译文】

累积到了满溢，不如及时停止；

锤炼到了锐利，不能长久保持。

金玉堆满家中，没有人能守得住；

富贵而又骄横，自己招致祸患。

成功了而不居功，这才合乎道。

【解读】

本章讲"无为而治"，强调了"反"和"弱"的重要性。

第四十章中说："反者道之动，弱者道之用。"本章正是对"反"

和"弱"的强调。

凡事都要控制在一个合理的范围内，不能过度，一旦过度，就会破坏和谐与平衡，就会招致祸患。对权势的追求过了度，就会将国家带入困境；对财富的追求过了度，就会陷百姓于水深火热之中；对自由的追求过了度，就会破坏社会秩序……有所克制的欲望会推动社会进步，过度的欲望则会给社会带来灾殃。纵观人类历史，因统治者的欲望失控给社会带来巨大灾难的事例数不胜数。

老子在整部《道德经》中反复强调"反"和"弱"的重要性，是因为反和弱是道最重要的品性，如果不能领悟反和弱，就不能领悟道。道之所以具有创生万物的品性，是因为"道冲，而用之或不盈"，是因为"大曰逝，逝曰远，远曰反"，这叫作"夫物芸芸，各复归其根。归根曰静，静曰复命"。不能持守反和弱，就是不能持守道，就会招致灾殃。在第三十九章中有精彩的阐述："昔之得一者：天得一以清；地得一以宁；神得一以灵；谷得一以盈；万物得一以生；侯王得一以为天下正。其致之也，谓：天无以清，将恐裂；地无以宁，将恐废；神无以灵，将恐歇；谷无以盈，将恐竭；万物无以生，将恐灭；侯王无以贵高，将恐蹶。"因为具有反和弱的品性，所以道"周行而不殆"，"绵绵若存，用之不勤"。

所谓悟道，就是领悟道的特殊品性，并效法道，依道而行。统治者如果能够领悟反和弱，就是悟道了，就能做到"功遂身退"，也就是明明功德很大，但却不居功，"不自是，不自伐，不自矜"。反之，如果不能持守反和弱，就容易过度，就会"物壮则老，是谓不道，不道早已"。

"揣"是"锤击，锤炼"的意思。

"天之道"即"道"。

本章中容易误解的地方有两个：

1. "功遂身退"的意思是"取得功业后，不居功"，容易误解为"成功了就退下，不干了"。如果所有人取得一点成就以后就退下，不干了，人类社会还怎么往前发展？人力资源又是多么巨大的浪费？岂不是和老子倡导的"圣人常善救人，故无弃人；常善救物，故无弃物"，也就是"人尽其才、物尽其用"的治理原则背道而驰了吗？

2. "天之道"即"道"，容易误解为"天道，自然的法则"。

【企业治理】

一．持而不盈。

企业重视盈利，这没问题，但对利润的追求必须保持克制，在获取巨大盈利之后，要及时反哺社会，绝不能把所有财富都据为己有，否则必会给企业带来灾殃。也就是说，企业必须把创造社会价值放在首位。那些基业长青的企业都懂得"持而不盈"的道理。

二．揣而不锐。

企业参与市场竞争，必然不能软弱，要勇于冲锋陷阵，但必须懂得克制，绝不能过度，一旦锐利到过度，就容易折断。一些曾经风光的企业，由于太过疯狂，最终走向了灭亡，这样的教训实在太过惨痛。基业长青的企业很少做过度疯狂的事。

三．功遂身退。

卓越的领导者深谙"功遂身退"之道。身退不是不做事了，首先是不居功，甘于把功劳分享给团队；其次是放权，甘于把权力放给更专业的人，让专业的人做专业的事，从而使企业的管理层始终保持在极高的水准和极好的状态上。

第十章

【原文】

载营魄抱一，能无离乎？

涤除玄览，能无疵乎？

专气致柔，能如婴儿乎？

天门开阖（hé），能为雌乎？

明白四达，能无知乎？

爱民治国，能无为乎？

生之，畜（xù）之。

生而不有，为而不恃，长而不宰，是谓玄德。

【译文】

身体和精神配合，持守道，能够不离开吗？

涤除杂念，深入观照，能够完美无缺吗？

专注于调控气息，达到柔顺和谐，能够像婴儿一样吗？

天赋的感官和外界接触，能够保持安静吗？

明白各种状况后，能够不用智巧吗？

爱护人民，治理国家，能够不刻意作为吗？

创生万物，养育万物。

创生万物而不据为己有，养育万物而不仗恃己力，引导万物而不加以控制，这就是神奇的德。

【解读】

本章讲"无为而治"，强调了"返朴归真，抱元守一"。

"生之，蓄之"和第五十一章中的"道生之，德畜之"相同，这里的"畜之"也是"德畜之"。因此，我们有必要先搞清楚"道"和"德"的关系。

道即德，德即道；道是宇宙万物创生的根本力量，德是宇宙万物运行的根本力量；道是体，德是用；道创生万物，德赋予万物本性禀赋；道是无的状态，德是有的状态；道是道的超越性，德是道的存在性，是道在宇宙万物中的具体存在。

老子用六个问句来阐述"道"的"真朴"品性。本章的主题在最后一句，"生而不有，为而不恃，长而不宰，是谓玄德"。前面六个问句都是为最后一句服务的。当宇宙万物总是保持"真朴"的状态时，自然就会有最好的结果。刻意地干涉或控制，反而不能达到理想的效果。也就是说：只有无为而治才是最好的治理方式。

统治者要想实现无为而治，只有一条路可走，那就是持守道。如何做到持守道呢？"致虚极，守静笃"是总的法门，"载营魄抱一，无离；专气致柔，如婴儿；涤除玄览，无疵；爱民治国，无为；天门开阖，为雌；明白四达，无知"是具体操作。

"抱一"即"持守道"。

"营魄"即"魂魄"。

"天门"即"人的眼耳鼻口等感觉器官"。

"雌"在这里引申为"安静"的意思，"为雌"即"守静笃"。

"玄德"的意思是"神奇的德"，"玄"的意思是"神奇，深奥，不容易理解，不容易捉摸"。

说明：不知是老子的本意，还是后人的错排，总之笔者觉得本章中六个问句的排序稍显杂乱，因此，笔者根据自己对《道德经》的总体理解，在流行本的基础上，对六个问句进行了重新排序，仅供参考。

【企业治理】

一 . 使企业处于真朴状态。

1. 商业的真朴状态是：市场发出真实的价值需求，企业根据市场的需求创造价值（产品或服务）。

2. 企业的真朴状态是：精准地捕获市场的价值需求，然后创造价值。绝不把企业的宝贵资源浪费在价值创造之外。

3. 有些企业把资源用在价值创造之外，华而不实，弄虚作假，投机取巧，可以得一时之利，却难以长久。埋的雷多了，早晚要爆。

二.使企业资源处于真朴状态。

管理的核心要义是"使企业资源发挥最大效用",企业资源包括人力、财力、物力、时间、机遇及相关的社会资源等。而"使企业资源发挥最大效用"的最佳方法是——保持真朴状态,即施行"无为而治"。

要想使企业处于真朴状态,领导者首先要善于持守真朴。最能表达领导者真朴状态的一句话是:不忘初心,牢记使命。

第十一章

三十辐共一毂（gǔ），当其无，有车之用。

埏（shān）埴以为器，当其无，有器之用。

凿户牖（yǒu）以为室，当其无，有室之用。

故有之以为利，无之以为用。

【译文】

把三十根辐条聚合在车轴上做成车子，因为车厢的中间是空的，车子才有了使用价值。

糅合陶土做成器具，因为器具的中间是空的，器具才有了使用价值。

开凿门窗建造房屋，因为房屋的中间是空的，房屋才有了使用价值。

所以，"有"提供便利，"无"发挥作用。

【解读】

本章讲"无为而治"，重点是"有之以为利，无之以为用"。

"利"是便利，是实有；"用"是使用价值，是虚无。利和用是阴阳一体的互化互生的关系。人们以为是看得见的有在发挥作用，其实真正发挥作用的是无，更准确地说是"有和无的配合"在发挥作用。一个屋子，墙壁门窗是不能装东西的，真正能装东西的是虚空的部分，因此，只有墙壁门窗加中空才是一个能装东西的有使用价值的屋子。墙壁门窗构成的看得见的屋子便是"利"，是实有，而屋子可以装东西这个用处便是"用"，是虚无。

"有"代表着存在性，"无"代表着可能性。一切的出发点在无，落脚点在有。所以各种发明创造都是从无这个可能性入手的，但最终会落实到有这个存在性上。所谓"虚无生妙有"，就是这个道理。

"有之以为利，无之以为用"同时也是"形式"和"内容"的关系。"利"是形式，"用"是内容，两者阴阳一体，互化互生，同等重要。宇宙万物之美就在于形式和内容的平衡之中。

老子劝诫统治者不要只看到道的表面形式，更要重视道的"无"和"用"。

"毂"指的是"车轮中心的洞，可以插车轴的部分"。

"埏埴"的意思是"用水和泥制作陶器"。

"户牖"即"门窗"。

本章中容易误解的地方有一个：

"三十辐共一毂，当其无，有车之用"的意思是"把三十根辐条聚合在车轴上做成车子，因为车厢的中间是空的，车才有了使用价值"，容易误解为"车轮上的三十根木条聚合在车轴中，有了车轴中空的地方，才有车的作用"。这句话和后面的"埏埴以为器，当其无，有器之用。凿户牖以为室，当其无，有室之用"共同组成排比句，是三个并列的例子，后面两句的"当其无"分别指的是"因为器具的中间是空的"和"因为房屋的中间是空的"，因而，第一句中的"当其无"也应该是"因为车厢的中间是空的"，"无"应该指"车厢中空的部分"，而事实上车的使用价值也正是因为车厢的中空而体现出来的。

【企业治理】

一·看见的不重要，重要的看不见。

1. 卓越的领导者总是把主要精力放在"看不见"的事上，因为看不见的事才是起决定性作用的。

2. 企业参与市场竞争，当然不可避免地要学习其他企业的成功经验。卓越的领导者会学习别人没有显露在外的东西，并将所学融入自己的企业之中，进一步强化企业的核心竞争力；而拙劣的领导者总是盯着人家露在外面的部分学习，结果邯郸学步，亦步亦趋，终成笑柄。

二·无中生有。

1. 创新是一个企业存在的基本意义，因为只有创新才谈得上价值创造。创新的出发点在"无"，且这个"无"存在于整个产业价值链中。卓越的领导者总是善于发现"无"的奥妙，从而带领企业做出足以影响整个行业发展的价值创新来。

2. 企业第一重要的资源当然是"才智"了，这里说的才智不仅指个人才智，更指组织才智。才智是虚无的，但恰恰是虚无的才智创造出了企业的一切实有，因此，卓越的领导者总是不遗余力地强化组织才智建设，而拙劣的领导者在才智建设上十分吝啬。

3. 古往今来的经典战役几乎都运用了"无中生有"的道理，其实无中生有也是商战中最厉害的战术。卓越的领导者善于把握时机，创造性地运用竞争战术，从而以最少的资源消耗换取最大的竞争利益。

4. 当然，无中生有不是凭空臆想，而是深植于"有无相生"的哲理之中的，有无冲和，虚实相应，才能得其妙用。

三．形式与内容。

1. "有之以为利，无之以为用"，利是形式，用是内容。形式也是价值，千万不能只顾内容而忽略形式。卓越的领导者总是善于平衡形式和内容之间的关系。

2. 形式和内容的互化互生是一门很大的学问，卓越的领导者深谙此道，拙劣的领导者顾此失彼。

第十二章

五色令人目盲；

五音令人耳聋；

五味令人口爽；

驰骋畋（tián）猎，令人心发狂；

难得之货，令人行妨。

是以圣人为（wéi）腹不为（wéi）目，故去彼取此。

【译文】

青红黄白黑五种颜色使人眼花缭乱；

宫商角徵羽五种声音使人听觉失灵；

酸甜苦辣咸五种味道使人口不辨味；

纵情狩猎使人内心发狂；

稀有的物品使人行为不轨。

所以，得道的统治者施行"实其腹"的治理方式，而摒弃"心机智巧"的治理方式。因此，放弃"为目"而选择"为腹"。

【解读】

本章讲"无为而治"，强调了"圣人为腹不为目"。

人有两种生活方式可以选择：一个是"以物养己"，向内求；一个是"以物役己"，向外求。"向内求"是淳厚朴真的生活方式，"向外求"是心机智巧的生活方式。而"五音、五色、五味、驰骋畋猎、难得之货"正是以物役己的心机智巧的生活方式。

与第三章相呼应，得道的统治者知道心机智巧，也就是贪欲是导致人心迷乱、社会动荡的根本原因，因此，他致力于教化人民过以物养己的、向内求的、淳厚朴真的生活方式（为腹），而摒弃以物役己的、向外求的、心机智巧的生活方式（为目）。

人是有意识的，有意识就必然会有欲望，就必然会有心机智巧，否则就不是人了。老子在整部《道德经》中都在强调"治理欲望"，告诫人们要克制，要有度，但从来没有要求人们"灭欲"，因为欲望无生死，出则生，入则死，即"出生入死"，秘密就在于：欲望和人到底谁控制谁。

"畋"是动词，"打猎"的意思。

本章中容易误解的地方有一个：

"为腹"和"为目"中的"为"是"作为，施为"的意思，是动词，读"wéi"。容易将"为"误解为介词"为了"，误读为"wèi"。

【企业治理】

一．勇于抵制诱惑。

1. 商业机会有很多，但没有任何一家企业能把握所有的机会，因此，"战略的本质是选择"。卓越的领导者都有极强的克制力，总是在企业核心竞争力这个道上选择机会，而不会在诱惑中迷失。

2. 企业的目的是利润最大化，但前提是合法合德。有些赚钱的机会极具诱惑，但却超越了法律或道德底线，面对这样的诱惑，卓越的领导者懂得克制，绝不越线；而拙劣的领导者往往在诱惑中迷失自己，从而把企业带入万劫不复之地。

二．要以物养己，不要以物役己。

1. 领导者的首要任务是整合和分配资源，让资源为企业的发展服务。"驾驭资源的能力"是考核领导力的重要指标，一个不能驾驭资源的人是无法胜任领导工作的。

2. 拙劣的领导者往往把企业置于资源的奴隶的位置上，被资源牵着走。当企业赖以生存的某个资源枯竭时，企业也就陷入了困境。因此，领导者必须明白驱动企业发展的根本力量是核心竞争力这个道，而不是某个外在的资源。

第十三章

【原文】

宠辱若惊，贵大患若身。

何谓宠辱若惊？

宠为下，得之若惊，失之若惊，是谓宠辱若惊。

何谓贵大患若身？

吾所以有大患者，为吾有身，及吾无身，吾有何患？

故贵以身为天下，若可寄天下；爱以身为天下，若可托天下。

【译文】

得到人民的宠爱和失去人民的宠爱都像受到惊吓一样，把天下的大祸患视作自己的身体得了大病一样。

什么叫作宠辱若惊？

宠爱是人民赐予的，得到人民的宠爱时好像受到惊吓一样，失去人民的宠爱时也好像受到惊吓一样，这就叫作宠辱若惊。

什么叫把天下的大祸患视作自己的身体得了大病一样？

我之所以会有大祸患，是因为我把天下当做我的身体，如果我不把天下当做我的身体，我还有什么祸患呢？

所以，像珍贵自己的身体一样珍贵天下的人，才可以把天下交付给他；像爱惜自己的身体一样爱惜天下的人，才可以把天下委托给他。

【解读】

本章讲"无为而治"，强调了"宠辱若惊，贵大患若身"。

老子在第四十九章中说："圣人常无心，以百姓心为心。"又说："圣人在天下，歙歙焉，为天下浑其心。"也就是说，得道的统治者为了天下的安定和谐，已经忘掉了自我，心中只有天下，和天下融而为一了，天下即我，我即天下，倾听的都是百姓的声音，关注的都是百姓的事情，"豫兮若冬涉川，犹兮若畏四邻，俨兮其若客"。因此，得道的统治者"宠辱若惊，贵大患若身"，这就叫"贵以身为天下，爱以身为天下"。老子认为：只有当统治者做到了这些，才能把天下托付给他。

"宠辱若惊"是说统治者得到人民的爱戴和遭到人民的反对都像是受到惊吓一样，因为他太在乎天下了，太在乎人民了，他把天下当做自己的身体，一旦天下出现问题，他就当做是自己的身体出了问题，这就叫作"贵大患若身"。第四十九章中的"圣人皆孩之"也是对"宠辱若惊"很好的注解。得道的统治者把天下当做自己的孩子，孩子高兴或不高兴母亲都是很紧张的。

"宠为下"是说宠爱是人民赐予的，而统治者是被动接受的。

"吾所以有大患者，为吾有身，及吾无身，吾有何患"的意思是"我之所以会有大祸患，是因为我把天下当做我的身体，如果我不把天下当做我的身体，我还有什么祸患呢"。通俗一点说，就是，因为得道的统治者是把天下当做自己的身体一样看待的，所以天下一旦出现大问题，就像是他自己的身体生了大病一样令他紧张，如果他不在乎天下，那么天下就算出现再大的问题，他也不会紧张，说的还是"圣人在天下，歙歙焉，为天下浑其心"的道理。

"大患"的意思是"大祸患，大问题"。

本章中容易误解的地方有三个：

1. "宠辱"在本章中特指"人民的爱戴和反对"，容易误解为通常意义上的"宠幸和侮辱"。

2. "吾所以有大患者，为吾有身，及吾无身，吾有何患"的意思是"我之所以会有大祸患，是因为我把天下当做我的身体，如果我不把天下当做我的身体，我还有什么祸患呢"，容易误解为"我之所以有大祸患，是因为我拥有这个身体，如果我没有这个身体，我还有什么祸患呢"。一个人怎么可能没有身体？这种译解令人费解。

3. "故贵以身为天下，若可寄天下；爱以身为天下，若可托天下"的意思是"所以，像珍贵自己的身体一样珍贵天下的人，才可以把天下交付给他；像爱惜自己的身体一样爱惜天下的人，才可以把天下委托给他"，容易误解为"所以重视身体超过天下的人，才可以把天下交付给他；爱惜身体超过天下的人，才可以把天下委托给他"。把自己的身体看得比天下还重要，这不仅与"吾所以有大患者，为吾有身，及吾无身，吾有何患"相矛盾，而且与第四十四章中的"甚爱必大费，多藏必厚亡"以及第五十章中的"夫何故？以其生生之厚"的思想相违背，这样的人怎么反而成了可以托付天下的人了呢？显然是不对的。

【企业治理】

一．宠辱若惊。

优秀的企业会得到团队的宠爱，优秀的品牌会得到市场的宠爱，这是每一个企业都期望看到的结果。面对宠爱，卓越的领导者会时刻警醒自己，及时发现潜藏的危机，从而及时应对；拙劣的领导者会得意忘形，聒噪不安，因看不到潜在的灾祸而将企业带入危险之中。

二．"健康"是企业的重要财富。

1. 从走上领导岗位的那天起，领导者的身体就不只属于自己了，更属于企业，因此，是否珍爱自己的身体也是考核领导者领导能力的重要指标之一。卓越的领导者善于平衡作息，不忘强身健体，因为他知道保持身心健康也是对企业负责。凡是纵情酒色的人都不适合做领导者。

2. 卓越的领导者不会忽视团队的健康，特别是核心管理层的健康，因此，在设计制度和流程时，一定会把"健康"这个因素考虑进去，以最大限度地保证团队的身心健康。拙劣的领导者恨不得团队二十四小时工作，导致自己和团队均身疲力竭，这样的企业当然谈不上前途二字。

3. 健康不只指身体，也包括精神。卓越的领导者善于打造健康的企业环境，以使团队保持健康的精神状态，甚至会配置专业的健康顾问团队，随时观测和解决团队的精神健康问题。

4. 健康是一种境界，是一种修养。卓越的领导者善于打造学习型组织，带领团队不断提高修养，以保证组织在知识和精神方面始终处于健康状态。拙劣的领导者在这方面一毛不拔。

第十四章

【原文】

视之不见，名曰夷；听之不闻，名曰希；搏之不得，名曰微。

此三者不可致诘（jié），故混而为一。

其上不皦（jiǎo），其下不昧。

绳绳兮不可名，复归于无物。

是谓无状之状，无物之象，是谓惚恍。

迎之不见其首，随之不见其后。

执古之道，以御今之有。

能知古始，是谓道纪。

【译文】

看祂却看不见，把祂称为"夷"；听祂却听不见，把祂称为"希"；摸祂却摸不着，把祂称为"微"。

这三方面都不能够追根究底，所以把祂当做一个整体来看待。

祂外显的部分不明亮，隐含的部分不晦暗。

绵绵不绝啊无法给祂界定名字，然后又回归于空无一物。

这叫作没有形状的形状，没有物体的形象，这就是"恍惚"。

迎着，看不见祂的源头；跟着，看不见祂的后续。

道德经与企业治理

把握早已存在的道，用来统合当前实有的一切。

能够把握道的根本，这才应该是统治者修道的初心。

【解读】

本章仍然描述"道"。

道本无形，视无可视；道本无声，听无可听；道本无象，触无可触。无形无象不是真正的无形无象，而是大象无形；无声不是真正的无声，而是大音无声。道不可视不可听不可触，只因道是一个整体，"不皦""不昧""无物""惚恍""不见其首，不见其后"。道体虚无，有而若无，实而若虚，无始无终，绵绵不绝。道如此虚无深远，非人类所能感知和探究。我们能做的，只有把握无始之始的道，以观照当下，将虚无惚恍的道与当下连接起来，这才应该是统治者修道的初心。

"诘"的意思是"追问，探究"。

"皦"古同"皎"，是"洁白，明亮"的意思。

"绳绳"的意思是"接连不断，纷纭不绝"。

"惚恍"同"恍惚"，意思是"迷离，难以捉摸"。

本章中容易误解的地方有三个：

1. "故混而为一"的意思是"所以把祂当做一个整体来看待"，容易误解为"所以他是浑然一体的"。

2. "始"是"根本，本源"的意思，"古始"的意思是"一直存在的根本"。容易将"始"误解为"开始"，将"古始"误解为"最早的开始"。

3. "纪"是"开端，头绪"的意思，引申为"初始的目的"。"道纪"的意思是"修道的初始目的，初心"。容易将"纪"误解为"规律"，将"道纪"误解为"道的规律"。

【企业治理】

一．大象无形。

1. 企业的核心竞争力像道一样虚无深远、无形无相，只有真正懂得核心竞争力的这一品性，才知道怎么打造核心竞争力，才知道怎么发挥核心竞争力绵绵不绝的动力。把核心竞争力看作一个可视、可听、可触的具象的东西，是错误的。

2. 当核心竞争力外化为品牌的时候，品牌也会继承核心竞争力无形无相的品性。当一个品牌能被人们用语言清晰描述的时候，说明这个品牌还需要进一步修炼，还需要打通和核心竞争力之间的连接。那些享誉全球的品牌，我们都知道它们的存在，但却很难用具体的语言去描述它们。例如，有些人错误地把所谓的"定位"理论施加于品牌建设，把很多企业带入了歧途。定位的根本属性是可视、可听、可触的，是具象的，否则就谈不上定位。而一旦使品牌陷入具象，就完全堵死了品牌发展的可能性，品牌就会陷入僵死状态。因此，定位理论只适合于具体产品的卖点提炼，不适合于品牌。卓越的领导者深深懂得"品牌之所以能够百年不衰，正是因为其无限的可能性"。

二．道本为一。

1. 眼睛只盯着"点、线、面"的是执行者，而领导者必须有"整体观"。企业的核心竞争力是无形无相的整体，是道本为一。因为悟性太低，无法参悟核心竞争力之奥妙，拙劣的领导者总是试图撕裂核心竞争力，把它分割为一个个具体的可视、可听的点，从而导致企业完全丧失核心竞争力。

2. 企业再大，也是一个整体，而将众多的部门和人员凝聚为一个整体的正是企业的道——核心竞争力（德——企业文化）。如果把核心竞争力比作太阳，企业的各个核心部门就是围绕太阳运转的行星。卓越的领导者不会利用外力迫使行星脱轨。保持企业处于最和谐的整体运行状态，是最高明的管理。

3. 核心竞争力化为企业文化，再化为企业之万有，这个逻辑关系不能被破坏。因此，企业在进行市场活动时，也要从整体出发来设计每一个活动。要保证每一个市场行为均处于核心竞争力的引力范围内，并与其他活动形成合力。领导者一旦失去整体观，各个活动之间就容易互相妨碍和消耗。

三．用心看。

卓越的领导者不只是用眼睛看企业，也不只是用耳朵听企业，更是用心感悟企业。可视、可听、可触的，往往是结果，真正的原因往往掩藏在看不见听不到的地方，因此，卓越的领导者一定是悟性极高的人，是善于用心感悟的人，这就是"看常人看不见的，听常人听不到的，摸常人摸不着的"。

第十五章

【原文】

古之善为道者，微妙玄通，深不可识。

夫唯不可识，故强（qiǎng）为之容：

豫兮若冬涉川；

犹兮若畏四邻；

俨（yǎn）兮其若客；

涣兮其若释；

敦兮其若朴；

旷兮其若谷；

混兮其若浊。

孰能浊以静之徐清？

孰能安以动之徐生？

保此道者，不欲盈。

夫唯不盈，故能蔽而新成。

【译文】

古时候善于行道的人，微妙通达，深刻得令人难以理解。

正因为难以理解他，所以只能勉强地形容他：

他小心谨慎啊，好像冬天踩着薄冰过河；

他警觉戒备啊，好像时刻防备着邻国的进攻；

他拘谨郑重啊，好像要去赴宴做客；

他自在随意啊，好像冰雪缓缓消融；

他纯朴厚道啊，好像没有经过加工的木头；

他旷远通达啊，好像幽深的山谷；

他混同一切啊，好像浑浊的河水。

谁能使浑浊安静下来，慢慢澄清？

谁能使安静变动起来，慢慢显出生机？

持守这个道的人不会自满。

正因为他从不自满，所以能够去故更新。

【解读】

本章讲"无为而治"，重点描述了"得道的统治者的七个品性"。

这里的"善为道者"指的是"得道的统治者"。得道的统治者"微妙玄通，深不可识"，怎样才能了解他呢？那就勉强把他的玄通具象化一下，总结出他的七个品性，我们就通过这七个品性来了解他吧。

"豫兮若冬涉川"。得道的统治者总是小心谨慎，战战兢兢，绝不冒失莽撞，就像冬天踩着薄冰过河一样。

"犹兮若畏四邻"。在欲望的驱使下，人心易乱，危机四伏，稍不留神就会给国家带来灾祸。所以，得道的统治者永远都那么警觉，好像随时防备敌人进攻一样，这是一种很强的危机意识。得道的统治者深谙"其未兆易谋"的道理，总是"为之于未有，治之于未乱"。

"俨兮其若客"。得道的统治者善于返观内照，自我监督，时刻以"做客"的标准要求自己，这叫作"慎独"。

"涣兮其若释"。得道的统治者并不高高在上，而是"为天下浑其心"，"善者吾善之；不善者吾亦善之；信者吾信之，不信者吾亦信之"，总是让人们感觉如沐春风，如浴暖阳。

"敦兮其若朴"。得道的统治者持守道，回归"朴"的状态，从而"万物将自宾"，这是只有得道者才有的超凡智慧。

"旷兮其若谷"。得道的统治者如山谷一般幽深空旷，能容天下，因而"绵绵若存，用之不勤"。

"混兮其若浊"。得道的统治者"俗人昭昭，我独昏昏；俗人察察，我独闷闷"，如同大海，来者不拒，清浊皆容，这叫作"大智若愚"。

"孰能浊以静之徐清？孰能安以动之徐生？"谁能让浑浊的世道慢慢澄清？谁能让停滞不前的社会焕发生机？当然是得道的统治者。统治者拥有上面的七个品性，就是领悟了"大成若缺，其用不弊；大盈若冲，其用不穷"的道理，就能使天下去旧更新，生生不息。

"保此道者，不欲盈。夫唯不盈，故能敝而新成"。并不是说得道的统治者为了去旧更新而"不想达到圆满"或"不能达到圆满"，而是得道的统治者善于"反"，说的是"大曰逝，逝曰远，远曰反"的道理，也就是"反朴归真"，"独立而不改，周行而不殆"。

"豫"原是野兽的名称，性疑虑，这里引申为"小心谨慎"。

"犹"原是野兽的名称，性警觉，这里引申为"警觉戒备"。

"俨"的意思是"恭敬，庄重，俨雅"。

"涣"的意思是"散开"，这里引申为"自在随意"。

【企业治理】

一．向死而生。

昨天还是享誉世界的顶级企业，今天就轰然倒塌了，这就是残酷的商业竞争。卓越的领导者总是"豫兮若冬涉，犹兮若畏四邻"，时刻提醒自己"危机随时会降临"。正因为拥有这种常人不具备的忧患意识，反而使企业更加安全。这叫作"反者道之动"。

二．弊而新成。

"问渠那得清如许，为有源头活水来。"卓越的领导者不会让企业成为一潭死水，而是善于给企业注入奔腾不息的活水，活水的源头当然就是核心竞争力了。这叫作"反朴归真"，"周行而不殆"，"绵绵若存，用之不勤"。

三．静之徐清，动之徐生。

静而专注，动而前行。卓越的领导者善于平衡"专注"和"前行"之间的静动转化，一方面净化团队的思想，强化专注力，一方面强化企业的驱动力，保持勃勃生机。

第十六章

【原文】

致虚极，守静笃（dǔ）。

万物并作，吾以观复。

夫物芸芸，各复归其根。

归根曰静，静曰复命。

复命曰常，知常曰明。

不知常，妄作，凶。

知常容，容乃公，公乃全，全乃天，天乃道，道乃久，没身不殆。

【译文】

追求"空虚"要达到极致，守住"安静"要完全确实。

万物蓬勃生长，我从而看出其往复循环的道理。

芸芸万物纷繁变化，最终都要返回各自的本根。

返回本根叫作真正的静，真正的静叫作回归本来状态。

回归本来状态就叫作常理，领悟了常理就叫作通明。

没有领悟常理，却胡作妄为，必定会招致灾殃。

领悟了常理就可以包容万象，能够包容万象就不会有私心，没有私心就能普遍周全，普遍周全才能合乎万物的本然，合乎万物的本然就是合乎道，合乎道就能长久，终身都不会招致危险。

【解读】

本章讲修道的不二法门：致虚极，守静笃。

修道是极难的事情，不是随随便便就能悟道的，只有把大脑清空，进入极致空虚的境界，并且牢牢地保持安静，才有可能体悟到道的真谛。

为什么只有"致虚极，守静笃"才能体悟到道的真谛呢？因为：

万物之所以茁壮成长，欣欣向荣，是因为"反者，道之动"。万物一直处于运动状态，而这种运动是循环往复的，是从本源来回到本源去的积极循环。万物的这种循环往复运动十分复杂多变，以动观动是无法领悟其中的道理的，只有静，静到极致，才能明心见性，悟得道体。

说得更具体明确一点的话，就是"夫物芸芸，各复归其根。归根曰静，静曰复命。复命曰常，知常曰明"。芸芸众生，多姿多彩，生生不息，但最终都要回归其本根。"归根"是由动入静的过程，是从生生不息的运动状态返回到自然朴真的安静状态，即"归根曰静"。当万物从运动状态返回到安静状态时，就是返回了自己的本来状态，即"静曰复命"。

万物处于自然朴真的安静状态，才是其正常的、恒常的状态，即"复命曰常"。能够领悟"复命曰常"的道理，就是进入了通明透彻的境界，即"知常曰明"。

如果统治者不能够领悟"复命曰常"的道理，反而胡作妄为，就会给国家带来灾殃，即"不知常，妄作，凶"。

统治者能够领悟"复命曰常"的道理，就是领悟了道，就能做到"万物恃之以生而不辞，衣养万物而不为主"，即"知常容"。统治者做到了容万物、容天下，就是做到了"圣人常无心，以百姓心为心"，即"容乃公"。当统治者没有了小我，以百姓心为心时，其德行自然是普遍周全的，即"公乃全"。德行普遍周全，就是做到了遵循万物之本然，即"全乃天"。遵循万物的本然，就是合乎道，即"天乃道"。合乎道，当然就会长久，且不会遇到危险，即"道乃久，没身不殆"。

本章通篇都在论述"致虚极，守静笃"这一主题，只有切切实实地做到了"致虚极，守静笃"，才能真正地悟道；只有悟道，统治者才能真正地施行无为而治；只有施行无为而治，天下才能和谐安定，才不会有危险。

【企业治理】

一．保持虚空。

1. 脑子"虚空"才能容，才有用，脑子满满的，怎么能装进新东西呢？"虚而不屈，动而愈出"，因为虚空，才能源源不绝。卓越的领导者善于使头脑保持虚空，因此，他总能与时俱进。我们经常看到有些企业在某一个时期风光无限，但很快就被淘汰了，正是因为脑子被过去的经验填满了，容不得新东西了，当然无法在新环境下生存下去，这叫作"经验主义害死人"。

2. 卓越的领导者在设计制度和流程时，总会留出足够的"空间"，以吸纳新东西。这正是一些企业基业长青的奥妙所在。

二·静下来。

1. 追名逐利的时代使人躁动不安，进而导致很多领导者浮于表面，错误百出，给企业造成巨大的损失，这就是"不知常，妄作，凶"。卓越的领导者善于保持虚静的状态，不为外界所扰，沉着冷静地判断和决策。

2. 商业之根本如道一样无形无相，深奥玄通，需要领导者付出极大的心力才能有所领悟。因此，卓越的领导者善于"致虚极，守静笃"，以探求商业之根本。

3. 市场竞争远比想象中复杂得多，如"物芸芸"，纷繁多变，但其背后有不变的规律，只有遵循规律办事的企业才能立于不败之地。卓越的领导者不仅自己善于虚静悟道，而且善于引导整个管理层保持虚静深悟的状态，能做到这一点的，一定是登峰造极的领导者。

三·复归其根。

1. 企业的发展绝不是直线运动，而是循环往复的，也就是辩证唯物主义哲学中所说的"螺旋式上升"。每个企业都有其"性命"，即其本根，即核心竞争力。卓越的领导者清晰企业的性命所在，从而懂得如何使企业从本根出发，再回归本根，形成生生不息的生命循环。

2. 企业时时刻刻都处于"性命攸关"的境地，遵循本根是活，背离本根是死。卓越的领导者永远保持着危机感，"若冬涉川"，战战兢兢地观察企业的状态，随时随地调整企业的运行轨道，从而保证企业能够基业长青。

第十七章

【原文】

太上，下知有之；

其次，亲而誉之；

其次，畏之；

其次，侮之。

信不足焉，有不信焉。

悠兮其贵言。

功成事遂，百姓皆谓：我自然。

【译文】

最好的统治者，人民只知道有他的存在；

次一等的统治者，人民亲近他并且赞誉他；

再次一等的统治者，人民畏惧他；

再次一等的统治者，人民轻侮他。

有的统治者对道的相信程度不够，有的根本就不相信道。

最好的统治者是那么悠闲自在啊，他很少发号施令。

等大功告成，万事顺遂了，百姓都说：我本来就是这样的。

【解读】

本章讲的是"无为而治",对比了"信守道和背离道导致的不同的治理结果"。

"太上,下知有之。"得道的统治者治理天下靠的是"信守道,无为而治",即遵循事物的本性禀赋,设计好制度和流程,让万事万物在制度和流程下自行运转。对于这样的统治者,人们只知道有这么个人,但对他并不了解,因为平时根本不需要他。无为而治的结果是,天下和谐安定,但人们并不认为这是统治者的功劳,而是认为自己本来就是这样的,即"百姓皆谓:我自然",这叫作"相忘于无为",是最上等的治理。"太上,下知有之"对应的是"上士闻道,勤而行之"。

"其次,亲而誉之。"第二等的治理,是人们能感知到统治者的存在,并认可他的治理,所以愿意亲近他,称赞他。这样的治理也会取得不错的效果,但由于统治者没有完全领悟道,进而没有完全领悟无为而治的真义,干涉和控制比较多,容易导致上下离心,阳奉阴违。这样的治理很容易把功劳都归结于统治者身上,因为人民都认为他的功劳最大,所以都称赞他。或者,"亲而誉之"只不过是人民对统治者的奉承。

"其次,畏之。"第三等的治理,是人们并不认可统治者的治理,但迫于其威势,不敢说,也不敢反抗,只能按照统治者的要求做事。这样的治理表面看起来一团和气,实际上暗潮汹涌,危机四伏。

"其次,侮之。"最下等的治理,是人们一眼就看出了统治者的无能，根本不认同他，对他的治理忍无可忍，侮辱谩骂之声四起。这样的治理是最难以持续的。

之所以会出现三个"其次"的情况，是因为有些统治者不能彻底地信守道，有的甚至根本就不相信道，从而背离了道，即"信不足焉，有不信焉"。"信不足焉，有不信焉"对应的是"中士闻道，若存若亡；下士闻道，大笑之"。

"悠兮，其贵言。"得道的统治者"处无为之事，行不言之教"，天下安定和谐，"太上，下知有之"，当然可以悠哉悠哉了。

"功成事遂，百姓皆谓：我自然。"天下和谐安定，百姓生活幸福，而老百姓却说："没有人命令我们啊，我们自然而然地就安定幸福了。"这就是老子心目中的理想社会。

本章中容易误解的地方有一个：

"信不足焉，有不信焉"的意思是"有的统治者对道的相信程度不够，有的根本就不相信道"，容易误解为"统治者的诚信不足，人民就不信任他"。

【企业治理】

相忘于无为。

1. 上等的企业治理不是靠人管人，而是靠核心竞争力驱动，靠企业文化凝聚，靠制度和流程运行。卓越的领导者只专注于底层思考和顶层设计，从不无谓地干涉企业的运行。员工对于这样的领导者并不产生直接的依赖，甚至见面都很少，领导者在与不在都一样，该干吗干吗。

2. 还有一种更厉害的企业治理：把企业嵌入全球经济、政治、文化之中，让企业的核心竞争力吸纳全球大环境的无穷能量，从而形成充沛无比的驱动力。这样的治理才真正达到了无为而治的至高境界，其发展能量之巨大，势不可挡。能达到这个境界的领导者，凤毛麟角，可遇不可求。

第十八章

【原文】

大道废，有仁义；

智慧出，有大伪；

六亲不和，有孝慈；

国家昏乱，有忠臣。

【译文】

大道废弃了，仁义就会被推崇；

聪明智巧出现了，高明的伪诈就会被推崇；

家庭不和睦了，孝慈就会被推崇；

国家陷于昏乱了，忠臣就会被推崇。

【解读】

本章讲"无为而治"，描述了"大道被废弃之后的社会乱象"。

本章与第三十八章中的"故失道而后德，失德而后仁，失仁而后义，失义而后礼。夫礼者，忠信之薄，而乱之首"的意思相似。

人们都认为"仁义、智慧、孝慈、忠臣"是好的，推崇"仁义、智慧、孝慈、忠臣"的治理一定是值得肯定的治理，而老子认为恰恰相反。

大道无为的世界里，人们都在正确的轨道上做着正确的事，哪里需要什么仁义？哪里会有大伪之人？哪里谈得上孝慈不孝慈？谁又不是忠臣呢？正是因为背离了道，社会出了问题，所以才会刻意地推崇这个，标榜那个，因为刻意地推崇和标榜，反面的东西就有了生存的空间，社会的问题就更加严重了，从而陷入恶性循环，即"天下皆知美之为美，斯恶已；皆知善之为善，斯不善已"。

"智慧"的意思是"聪明智巧"。

"大伪"的意思是"高明的伪诈"。

"六亲"指"父，子，兄，弟，夫，妻"。

本章中容易误解的地方有一个：

"有"在这里指代"有推崇 XX 的现象出现"，容易误解为"有，才有"。

本章讲的是：因为统治者没有领悟道，没有施行无为而治，致使天下出现了诸如"大道废、智慧出、六亲不和、国家昏乱"等乱象，而统治者不是依道治国，努力使天下回归正道，反而采取"推崇仁义、大伪、孝慈、忠臣"等错误的策略来应对乱象，进而导致恶性循环。老子认为这是错误的治理方式，是背离道的表现，老子对其持批判态度。

| 道德经与企业治理 |

【企业治理】

一．榜样和英雄。

当企业中出现广为传唱的榜样或英雄时，卓越的领导者会立刻警觉，并深度观照企业的治理，因为他们的出现说明企业治理出现了隐患，而问题往往出在企业文化上。正因为有这份深度的警觉，所以卓越的领导者能带领企业走向基业长青。

同时，卓越的领导者会根据企业的状态和所处的发展阶段灵活看待榜样和英雄，因为领导者拥有柔性的治理思维，从来不是僵化的（柔弱者生之徒，坚强者死之徒）。

二．最大的榜样和英雄。

在卓越的领导者的心中，有一个至高无上的英雄，那就是"核心竞争力／企业文化"，所以，卓越的领导者矢志不渝地推崇企业文化，这是避免"大道废，有仁义"的最佳办法。

第十九章

【原文】

绝圣弃智，民利百倍；

绝仁弃义，民复孝慈；

绝巧弃利，盗贼无有。

此三者以为文，不足。

故令有所属：

见（xiàn）素抱朴，少私寡欲。

【译文】

祛除聪明智巧，人民可以获得百倍的好处；

祛除仁义，人民可以重回孝慈的本性；

祛除机巧利益，盗贼就没有了。

"绝圣弃智，绝仁弃义，绝巧弃利"这三者只可以作为文饰，用来治理国家是不够的。

因此，要让人民的心灵有所归属：

表现单纯，持守朴真，减少私心，减少贪欲。

| 道德经与企业治理 |

【解读】

本章讲"无为而治"，强调的是"令有所属"。

老子心中的国家治理不是维持表面的平静和谐，而是要解决深层次的问题，在根本上实现和谐。通过制度建设可以使国家保持表面的和谐，但无法解决深层次的社会矛盾，一旦制度发生变化，社会就会陷入动荡不安。因此，老子希望统治者能给人民一个心灵的归属之地，即"见素抱朴，少私寡欲"，也就是持守道。

"见素抱朴，少私寡欲"并不是消极避世，而是让人们持守自己的本性禀赋，不被欲望所绑架，从而进入终极的幸福状态。

"绝圣弃智，民利百倍；绝仁弃义，民复孝慈；绝巧弃利，盗贼无有"这三种现象都是统治者强行干涉的结果，都是制度层面的建设，都没有解决社会的根本问题，因此，老子说"此三者以为文，不足"。需要注意的是，老子只是说这三者"不足"，并没有否定它们存在的价值。

"圣"在这里指"聪明，才智过人"。"圣"与"智"合用为"圣智"，是"聪明机智"的意思。

"巧"指的是"技巧伪诈"。

"文"是"文饰"的意思，引申为"表面形式"。

"素"指的是"没有染色的白丝"。

"朴"指的是"没有雕琢的原木"。

本章中容易误解的地方有一个：

"此三者"指的是统治者采取的"绝圣弃智、绝仁弃义、绝巧弃利"这三种行为，容易误解为指代"圣智、仁义、巧利"。

【企业治理】

一 . 见素抱朴。

卓越的领导者从不伪装，而是善于持守朴真，进而持守企业的朴真。守住了朴真，才能做到"不忘初心，牢记使命"。拙劣的领导者整天带着厚厚的面具，已经无法面对朴真而活了，他怎么可能看到和守住企业的朴真呢？失守朴真，就容易走上岔道和邪道，就会给企业带来危险。

二 . 少私寡欲。

1. "还记得为什么出发吗？"面对这个问题，很多领导者是回答不上来的，因为走着走着就被各种诱惑和欲望带偏了。人贵"从一而终"，人这一辈子，能奔着一个理想，并最终实现它，就很了不起了。欲望太多，什么业务都想做，什么钱都想挣，很快就迷失了。当没有方向的时候，怎么努力都是错的。

2. 在信息泛滥成灾的时代，各种新生的营销方式层出不穷，拙劣的领导者很容易随波逐流，从而背离核心竞争力和企业文化，搞来搞去，不仅企业内部迷失了，消费者更是搞不懂这个品牌要做什么，从而导致品牌被市场所抛弃。卓越的领导者的市场动作往往不多，但每一个动作都充满了力量，每次出击必有重大收获，正是因为他守住了品牌的朴真，守住了企业的朴真。

第二十章

【原文】

绝学无忧。

唯之与阿（ē），相去几何？美之与恶，相去若何？人之所畏，不可不畏。荒兮，其未央哉！

众人熙熙，如享太牢，如春登台；我独泊兮，其未兆，如婴儿之未孩，儽（lěi）儽兮，若无所归。

众人皆有余，而我独若遗（yí）。

我愚人之心也哉，沌（dùn）沌兮。

俗人昭昭，我独昏昏。

俗人察察，我独闷闷。

澹（dàn）兮其若海，飂（liù）兮若无止。

众人皆有以，而我独顽且鄙。

我独异于人，而贵食母。

【译文】

祛除知识，就没有了烦扰。

真诚的应答和虚情的应承，相差多少？美好和丑恶，又相差多少？人们所畏惧的，是他们不得不畏惧的。荒唐啊，这种情况已经很长时间了，而且还在继续。

众人都兴高采烈，如同去参加盛大的宴席，如同在春天里登上高台眺望美景；而我却独自淡泊宁静，无动于衷，如同还不会嘻笑的婴儿；孤孤单单啊，好像无处可去。

众人都拥有很多，而我却好像什么都很少。

我只有一颗愚人的心啊！浑浑沌沌啊！

众人都炫耀光彩，只有我暗暗昧昧。

众人都精明灵巧，只有我笨笨的。

我如同大海一般恬静安定，众人如疾风一般飘荡不止。

众人都有目的地作为，而我却鄙固不通。

我和众人不一样，我重视道这个万物之母。

【解读】

本章为得道的人进行了画像，强调了"绝学无忧"和"贵食母"。

"绝学无忧"和"贵食母"首尾呼应，构成了本章的中心思想：崇本抑末。

人们往往喜欢"唯"与"美"，厌恶"阿"与"恶"，可"唯之与阿，美之与恶"能差多少呢？它们都是外在的浮华的东西，而这些东西都不足以用来治理天下，即"以为文，不足"。当统治者刻意地推崇"唯"与"美"，贬抑"阿"与"恶"时，人民是无从选择的，只能被动地接受统治者制定的规则，即"人之所畏，不可不畏"。老子认为这种情况很荒唐，而这种荒唐的情况竟然从古至今一直持续着，即"荒兮，其未央哉"。

接下来，老子通过"我"和"众人/俗人"的一系列对比，为得道的人做了一次全方位的画像，从而使我们看到"得道的人和常人是反着来的"，正符合了"反者道之动"的道理。

常人看似精明光彩，拥有很多，占尽优势，但因为他们远离了道，反而如浮萍般心无所依，飘飘荡荡，糊里糊涂，最终竹篮打水一场空，这叫作"飂兮若无止"。得道的人看似不懂得占有，昏昏昧昧，愚愚笨笨的，但因为持守道，"不失其所"，反而心地通明，洞悉一切，拥有更多智慧和力量，这叫作"澹兮其若海"，"知足之足，常足矣"。

如果不能持守道，则知道得越多欲望越多，欲望越多就越危险，所以老子主张"绝学无忧"，与"为道日损"相呼应。但对于持守道的人，老子并没有主张绝欲出世，反而主张以积极之态参与天下之事，所以才有"我独异于人，而贵食母"。

"学"指的是"学习，知识"。

"忧"指的是"烦扰"。

"唯"指的是"真诚的应答"。

"阿"指的是"虚情的应承"。

"荒"原指"不着边际的话"，引申为"不合情理，荒唐"。

"未央"的意思是"未尽，无边无际"。

"我"即"得道的统治者"。

"泊"的意思是"安静"。

"兆"指的是"古代占验吉凶时灼烧龟甲所成的裂纹"，引申为"事物发生前的征候或迹象"。

"孩"同"咳"，指"婴儿的笑"。

"傫傫"指的是"颓丧失意的样子"。

"遗"的意思是"缺失，不足"。

"沌沌"的意思是"混沌无知"。

"昭昭"的意思是"彰明，显扬，光耀"。

"昏昏"的意思是"暗而无光"。

"察察"的意思是"精明灵巧"。

"闷闷"的意思是"愚笨，笨拙"。

"澹"原指"水波舒缓的样子"，引申为"安静、恬淡的样子"。

"飂"的意思是"飘，风疾速的样子"。

"顽"的意思是"愚钝"。

"鄙"的意思是"鄙固，不通达"。

"食母"原指"乳母，奶妈"，这里指代"道"。

本章中容易误解的地方有两个：

1. "人之所畏，不可不畏"的意思是"人们所畏惧的，是他们不得不畏惧的"，容易误解为"人们所畏惧的，我也不得不害怕"。

2. "荒兮，其未央哉"的意思是"荒唐啊，这种情况已经很长时间了，而且还在继续"，容易误解为"遥远啊，差距像是没有尽头"或"精神领域开阔啊，好像没有尽头的样子"。

【企业治理】

一．做个有根的领导者。

1. 道体深沉，德自高远。守住道，就是守住了根。修道越深，人之根基越深，人之成就越高。可是，老子的道虚无高远，无形无相，并不容易把握，怎么办呢？那就守住"德"，因为道体德用，本为一体，德可视、可听、可触，更容易把握一些。或者把标准再降低一些：守住人的本真，守住底线，守住初心。

2. 有根之人深沉厚重，无根之人苍白肤浅。一个知道自己的根在哪里的人，从不随波逐流，人云亦云。他们寡言少语，似拙若愚，其实思想广远，见地高深。那些整天叽叽喳喳，随时随地都在发表见解的人，其实都是无根之浮萍，随波逐流而已，正所谓"矮人看戏何曾见，都是随人说短长"。

二．有根的企业才能基业长青。

1. 核心竞争力是企业的根，卓越的领导者善于持守这个根，从不为诱惑所迷惑和动摇，因而企业才得以基业长青。拙劣的领导者喜欢随波逐流，调换方向如吃饭睡觉一样随便，跟着这样的领导做事，如坐着无帆的小木船出海，朝不保夕，提心吊胆。

2. 打造深厚强势的核心竞争力，需要做到三点：

（1）有一位卓越的关键创始人。企业的关键创始人和企业是合二为一的，即"人企合一"。关键创始人的精神、气质、价值观、人生观、世界观等都会毫无保留地融入企业的核心竞争力之中，成为企业核心竞争力的禀赋。关键创始人越是卓越，企业的核心竞争力就越是坚实深厚。

（2）道生之，德畜之。要为无形无相的核心竞争力建立一个可视、可听、可触的"德"，即"企业文化"，包括文化、制度、流程和战略等，以使企业万有得到长期的畜养。必须把握"道体德用，互化互生"的原理，绝不能使核心竞争力和企业文化油水两张皮，"德不配位，必有灾殃"。

（3）持之以恒地坚持和积累。

第二十一章

孔德之容，惟道是从。

道之为物，惟恍惟惚。

惚兮恍兮，其中有象；

恍兮惚兮，其中有物；

窈兮冥兮，其中有精；

其精甚真，其中有信。

自今及古，其名不去，以阅众甫（fǔ）。

吾何以知众甫之状哉？以此。

【译文】

大德的表现，完全跟随着道。

道这个东西，恍恍惚惚的，难以捉摸。

道恍恍惚惚啊，其中确有某种形象；

道恍恍惚惚啊，其中确有某种物体；

道深远暗昧啊，其中确有某种精微之气；

精微之气极为实在，其中确有可靠验证。

从现在上溯到古代，大德是永恒存在的，依据袘可以观察万物的本源。

我怎么知道万物的本源是什么呢？根据就在大德。

【解读】

本章进一步描述"道"，强调了"以德观道"。

道是真实存在的，这一点千真万确，因为道里"有象，有物，有精，有信"，但道实在太虚无了，恍恍惚惚，若存若无，"视之不见，听之不闻，搏之不得"，根本无法感知祂。那么，人们如何才能体悟道呢？老子的解决方案是："以德观道。"

德是道之用，是道在宇宙万物中的具体存在，是"可见，可闻，可触"的，人们可以通过德来体悟道，进而知道万物的母始。

"孔德"即"大德"，也就是"德"。

"容"的意思是"表现，景象，状态"。

"窈、冥"的意思是"深远，幽静"。

"信"的意思是"可靠，证实，应验"。

"甫"的意思是"父亲"，引申为"开始，起源"，即"道"。

本章中容易误解的地方有一个：

"自今及古，其名不去"的意思是"从现在上溯到古代，大德是永恒存在的"，容易误解为"从古代到现在，大德的名字是一直存在的"。

老子在第一章中说"无名，万物之始；有名，万物之母"，其中的"无名"指的是"未被命名的道"，"有名"指的是"已经被命名的道"。道没有被命名的时候是超越界的道，是创生万物的道，一旦道被命名，就从超越界进入了存在界，就成了畜养万物的"德"，所以，"其名"指代的是"被命名后的道"，也就是"德"，而不是"大德的名字"。如果把"其名"理解为"大德的名字"的话，那么"其名不去，以阅众甫"就要翻译成"因为大德的名字一直存在，因此能够知道万物的本源"，通过一个名字就能知道万物的本源，不是很荒唐吗？

【企业治理】

一．以企业文化观照核心竞争力。

1. 领导者都知道核心竞争力这个道是真实存在的，但却看不见摸不着。那么，领导者如何知道核心竞争力的强弱呢？只能通过企业文化这个德来体悟核心竞争力这个道，进而通过核心竞争力来观照企业的工作是否正确和有效。

2. 如果企业的核心竞争力十分强劲，那么企业在市场竞争中会一往无前。反过来，如果企业的市场表现不佳，领导者就要思考两个问题了：第一个问题，是不是核心竞争力出了问题；第二个问题，是不是德不配位（企业文化和核心竞争力没有形成用和体的配称）。市场表现不佳的根源均在这两个问题之中，以此可以观照企业中任何问题的根源所在。

二．德不配位，必有灾殃。

1. 企业文化这个德和核心竞争力这个道必须形成阴阳互化的配称，一旦德和道形成错位，必定会给企业带来巨大的灾殃，这样的惨痛教训实在太多了。

2. 要想实现"德配其位"，在进行文化设计的时候就必须遵循核心竞争力这个道。在不能清晰核心竞争力的前提下贸然进行企业文化设计，就会造成德不配位。对于初创企业来说，这点尤其困难。因为核心竞争力不是在某一个时刻突然形成的，而是需要长时间地积累，但核心竞争力的基因却是一开始就可以明确的，那就是关键创始人的品性。随着企业的发展，也许还会遇到新的关键创始人，这个时候企业的核心竞争力也会得到一次大规模的升级和发展，与其相对应，企业文化也要大规模升级和发展，以完成配位。

3. 核心竞争力是领导者首要考虑的问题，卓越的领导者总是把主要精力放在核心竞争力的研究和打造上。拙劣的领导者从来舍不得花费精力于核心竞争力，盲目地进行文化设计，更有甚者，连文化设计都懒得花费精力，有这样的领导者，企业怎么可能做好呢？

第二十二章

【原文】

曲则全，枉则直，洼则盈，敝则新，少则得，多则惑。

是以圣人抱一为天下式。

不自见（jiàn），故明；

不自是，故彰；

不自伐，故有功；

不自矜，故长（zhǎng）。

夫唯不争，故天下莫能与之争。

古之所谓曲则全者，岂虚言哉！

诚全而归之。

【译文】

弯曲反而可以保全，委屈反而可以伸展，低洼反而可以充满，去旧反而可以更新，少取反而可以多得，贪多反而陷入迷惑。

因此，得道的统治者持守道作为治理天下的准则。

不固执己见，所以通明透彻；

不自以为是，所以真相彰显；

不自我夸耀，所以功劳显现；

不仗恃己力，所以可以领导。

正因为不与人争，所以天下没有人能与他相争。

古人所说的"弯曲反而可以保全"等道理，怎么可能是空话呢！

这些道理真的可以让得道的统治者得以保全，进而拥有最好的结果。

【解读】

本章讲"无为而治"，强调了"反者，道之动"的妙用。

"既知其子，复守其母，没身不殆"，是谓"曲则全"。

"知其雄，守其雌，为天下谿；为天下谿，常德不离，复归于婴儿。知其白，守其黑，为天下式；为天下式，常德不忒，复归于无极。知其荣，守其辱，为天下谷；为天下谷，常德乃足，复归于朴"，是谓"枉则直"。

"江海之所以能为百谷王者，以其善下之"，是谓"洼则盈"。

"夫物芸芸，各复归其根；归根曰静，静曰复命"，是谓"敝则新"。

"道常无名，朴。侯王若能守之，万物将自宾"，是谓"少则得"。

"五色令人目盲，五音令人耳聋，五味令人口爽"，是谓"多则迷"。

得道的统治者从来都是"以不争为争"，"不自见，不自是，不自伐，不自矜"，一切都和常人反着来，为什么？因为常人想要的不是他想要的，他想要的是天下的和谐安定，是天下归心。所以，得道的统治者总是持守道，以道为治理天下的总依据，从而可以化解一切相对性问题，进而得到天下的大平衡、大和谐，这就叫作"抱一为天下式"，所以"诚全而归之"。

"伐"的意思是"夸耀"。

"矜"的意思是"自夸，自恃"。

"诚"的意思是"的确，确实"。

"全"的意思是"成全，保全"。

"归"的意思是"归宿，结果"。

本章中容易误解的地方有三个：

1.　"不争"不是不争，而是"最高级的争"，是"大争"，容易误解为"什么都不要"。

2.　"古之所谓曲则全者"中的"曲则全者"指代的是"曲则全，枉则直，洼则盈，敝则新，少则得，多则惑"这一整段话，容易误解为仅指"曲则全"这一句话。

3.　"诚全而归之"的意思是"这些道理真的可以让得道的统治者得以保全，进而拥有最好的结果"，容易误解为"那些话是实实在在能够达到的"。

【企业治理】

一. 差异化竞争（反着来）。

1. "反着来"应用于商业上就是"差异化竞争"，差异化竞争分为三个层次：

（1）最高的层次是"道（核心竞争力）的差异化"。核心竞争力的差异化带给企业的是"道、法、术的全系统的差异化"，是对手完全无法模仿的。做到这个境界的企业绝对是无敌的存在，能做到"夫唯不争，故天下莫能与之争"，即"不战而屈人之兵"。

（2）第二个层次是"战略差异化"，战略差异化带给企业的是"法和术的差异化"，是可以被对手模仿的，只不过模仿的难度比较大。达到这个境界的企业虽然有比较明显的竞争优势，但达不到不战而屈人之兵，仍然需要和对手进行艰苦地战斗。

（3）最低的层次是"战术差异化"，这种表面上的差异化无法持续很久，随时可能陷入同质化竞争的泥潭。

（4）当然，还有一种竞争叫"同质化竞争"。只能在同质化竞争的层面混日子的企业被称为商界的"乌合之众"。

2. 世界的魅力来自"差异性"。我们能明显地感受到卓越的企业和普通企业的做法是不一样的，卓越的企业"不自见，不自是，不自伐，不自矜"，它们从来都是遵循商业之道和竞争之道，在核心竞争力这个道上与对手反着来，形成差异化，这才是它们基业长青的真正秘密。卓越的领导者深谙此道。

3. 拙劣的领导者总是什么都想要，却又自见、自是、自伐、自矜，因而陷入"多则惑"的迷途，随波逐流，人云亦云。他们最喜欢干的事是"顺着来"，即同质化竞争（连最低层次的战术差异化都做不到），硬拼硬杀，刺刀见红，杀敌一千自伤八百，而在关键的价值环节上，却要仰人鼻息，唯唯诺诺。

二．不要无谓地消耗企业的能量。

1. 圣人抱一为天下式。卓越的领导者总是持守核心竞争力，持守"少则得"的哲理，知道该做什么不该做什么，不会在不必要的事情上消耗企业的能量。拙劣的领导者则浮于表面，贪得无厌，总是在鸡毛蒜皮的事情上浪费企业的能量。

2. 企业不是天生就具有无与伦比的生命力和竞争力的，需要长期地畜养才行。卓越的领导者善于"抱文化为天下式"，从而造就企业生生不息的澎湃动力。如果不懂得畜养，甚至无谓地消耗，企业的核心竞争力终究会被消耗殆尽。

第二十三章

【原文】

希言，自然。

故飘风不终朝，骤雨不终日。

孰为此者？天地。

天地尚不能久，而况于人乎？

故从事于道者，同于道；德者，同于德；失者，同于失。

同于德者，道亦德之；同于失者，道亦失之。

信不足焉，有不信焉。

【译文】

有些不常听到的话，反而更接近事物的本来面目。

所以狂风不会持续吹一个早上，暴雨下不了一整天。

是谁造成狂风和暴雨的呢？是天地。

天地的妄作非为尚且不能长久，更何况人呢？

所以，修道的人一定要与道同合；修德的人，一定要与德同合；妄作非为的人，一定是背离了道。

与德同合的人，道也会亲近他；背离德的人，道也会远离他。

有的人对这些话的相信程度不够，有的人根本不相信这些话。

【解读】

本章讲"无为而治",强调了"同于德者,道亦德之;同于失者,道亦失之"。

统治者应该有所珍惜,有所克制,不要欲望膨胀、恣意妄为、挥霍无度,不要干涉万物,更不要妄图控制万物,要"去甚,去奢,去泰"。狂风暴雨看似威力很大,但终究难以持久。只有守住道,守住本真,无为而治,才能"绵绵若存,用之不勤"。

"天地尚不能久,而况于人乎?"老子告诫统治者要清楚"人"这个物种的能量大小,不要妄自尊大,更不要逆道而行,否则必定会被道所抛弃,即"同于失者,道亦失之"。

"希言"指的是"不常听到的话",即"故飘风不终朝,骤雨不终日……同于失者,道亦失之"这些话。"自然"指的是"事物的本来状态"。

"希言,自然"与"信不足焉,有不信焉"首尾呼应,构成了本章逻辑上的完整性。

本章中容易误解的地方有两个:

1. "希言,自然"的意思是"有些不常听到的话,反而更接近事物的本来面目",容易误解为"少说话,才符合自己如此的状态"或"少发政令才是合乎自然的"。

2. "信不足焉,有不信焉"的意思是"有的人对这些话的相信程度不够，有的人根本不相信这些话"，与开头的"希言，自然"相呼应。"信不足焉，有不信焉"容易误解为"统治者的诚信不足，人民就不信任他"。

【企业治理】

不要纵欲过度。

1. 一个人如果"纵欲过度"则会损伤元气，轻则体弱多病，重则身亡。一个企业如果"纵欲过度"也会损伤元气，轻则遭受损失，重则破产倒闭，这叫作"飘风不终朝，骤雨不终日"。卓越的领导者从不无谓地挥霍企业的能量，总是坚守核心竞争力之道体和企业文化之道用，克制欲望，合理用力，稳步前行。

2. 和风细雨有利于万物生长，狂风暴雨则会摧残万物，利害之间本无绝对的标准，关键在一个"度"。卓越的领导者善于把握合理的度，该发力时绝不吝啬，该克制时绝不妄动。

第二十四章

【原文】

企者不立；

跨者不行；

自见（jiàn）者不明；

自是者不彰；

自伐者无功；

自矜者不长。

其在道也，曰余食赘（zhuì）形。

物或恶（wù）之，故有道者不处（chǔ）。

【译文】

踮起脚尖是站不久的；

大跨步前行是走不远的；

固执己见的人看不明白；

自以为是的人看不到真相；

自我夸耀的人得不到功劳；

仗恃己力的人做不了领导。

从道的角度来说，"企、跨、自见、自是、自伐、自矜"都是剩饭和赘瘤。

人们都厌恶"剩饭和赘瘤"，所以得道的统治者不会那么做。

【解读】

本章讲"无为而治"，强调了"统治者背离道的严重后果"。

大多数人之所以不能成功，是因为有各种各样的问题，或者说毛病，其中"好高骛远"和"自见、自是、自伐、自矜"就是很常见的毛病。想站得高走得快，要有那个本事才行，没那个本事，即使"踮起脚尖，大跨步"，又能坚持多久呢？还不是很快就会败下阵来。有"企、跨、自见、自是、自伐、自矜"毛病的人，脑子满满的，根本容不下新东西，当然是非败不可。只有踏踏实实地修道，守住道这个根本，才是长生久视之道。

这些道理同样适用于国家的治理。国家的发展不能盲目求大求快，要"道法自然，无为而治"，如果犯下"好高骛远"和"自见、自是、自伐、自矜"的毛病，就会给国家带来灾殃。

本章是对第二十二章和第二十三章的进一步阐释。

"伐"的意思是"自夸"。

"矜"的意思是"自大"。

"赘"的意思是"多余的，多而无用的"。

"物"在这里指"人"，古人把客观存在的一切事物均称为物，也包括人。

【企业治理】

一．量力而行。

市场变幻莫测，竞争惨烈，机会稍纵即逝，领导者难免心急如焚。心一旦乱了，就容易做错事，其中最容易犯的一个错误就是"好高骛远"。本来开局很好，前途无量，就因为领导者不顾企业的实际能力，轻举妄动，盲目扩张，最终导致企业被市场淘汰，这样的惨败案例有很多。

决定水电站能发多少电的不只是发电机组的多寡，更是水库势能的强弱；决定企业能走多快能站多高的不只是领导者主观意志的强弱，更是核心竞争力的厚薄。卓越的领导者懂得"企者不立，跨者不行"的哲理，善于量力而行，不会将企业带入危险之地。

二．"稳"保命，"快"保成。

卓越的领导者深知"活下去才有可能"的道理，不仅始终持守核心竞争力和企业文化，而且在顶层设计时，把"稳"字放在第一位，因为只有"稳"才能将企业置于安全的境地，才能保证企业活下去。

同时，卓越的领导者也不会"求稳弃快"，而是最大限度地寻求稳与快之间的平衡，因为稳虽然可以保证企业不死，但却无法让企业在竞争中胜出，只有"快"才能使企业最终走向成功。

"快"包含了三层含义：第一层含义，顶层设计力求极致完美。顶层设计是企业发展效率的重要保障，每一个环节迟滞一分，整个企业的运转就会落后十分，这是企业最大的隐形成本。第二层含义，资源效用最大化。每一次的资源浪费，都会引发企业各个方面的连锁迟滞，而这种迟滞极其隐蔽，只有卓越的领导者才能洞察。第三层含义，反应要快。对于市场机会、对手的动作、消费者的变化、环境的变化、趋势等关键信息，卓越的领导者会保持极速的反应，从而做到永远快对手一步。

第二十五章

【原文】

有物混（hùn）成，先天地生。

寂兮寥兮，独立而不改，周行而不殆，可以为天地母。

吾不知其名，强（qiǎng）字之曰道，强（qiǎng）为之名曰大。

大曰逝，逝曰远，远曰反。

故道大，天大，地大，人亦大。

域中有四大，而人居其一焉。

人法地，地法天，天法道，道法自然。

【译文】

有一个东西浑然而成，在天地出现之前就存在了。

祂寂静无声啊，空虚无形啊，祂独立存在而不改变，循环运行而永不止息，可以作为宇宙万物的母体。

我不知道祂的名字，勉强给祂确定一个字叫"道"，勉强给祂取一个名字叫"大"。

道无边无量而运行不息，运行不息而伸展遥远，伸展遥远而返回本真。

所以道是大的，天是大的，地是大的，人也是大的。

宇宙中有四种大，而人是其中一个。

人效法地，地效法天，天效法道，道效法自己的本来状态。

【解读】

本章是《道德经》中非常关键的一章，和第一章一起构成了老子对"道"的系统思考。

老子的道是超越界的，具有绝对性，而宇宙万物没有绝对性，只有相对性。宇宙万物均由道生，但道不是谁生的，而是自生的，是独立于宇宙万物之外的，因此道"独立而不改"。老子为什么说"吾不知其名，强字之曰道，强为之名曰大"呢？因为"名可名，非常名"。

"道"是老子对中国文化的重大贡献，解决了中国没有"创世神"的问题，同时道又超越了创世神以人为中心的纯粹唯心主义和虚无主义的范畴，为人类探索宇宙的起源提供了新的思路。直到今天，哲学界、宗教界和科学界均没能彻底解释宇宙起源的问题，"道"依然是最贴近宇宙起源真相的哲学思考。

道"大曰逝"，"逝"是向内向外无限发展的意思，向内无限小，向外无限大。"逝曰远"，道向内向外延展到无边无际，遍及内外八方古今，简单点说，就是道无处不在。但不管去到多远，道最终都要返回本真，也就是"远曰反"。

紧接着，老子就把虚无神秘的道和人连接了起来，"故道大，天大，地大，人亦大"。"道、天、地、人"四大是由道及人的逻辑关系，"道生一，一生二，二生三，三生万物"，人是万物中的一个。实际上真正大的只有"道"，可老子为什么说四大呢？因为我们是人，老子"援道入国"就是要解决人类社会的问题，所以不管多么高深幽远的思考，最终还得落到人身上。除了道以外，和人类关系最密切的就是天和地了，作为由道创生的天和地当然也是遵照道而运行的，而人类一切智慧的启发又都是"参赞天地之化育"而来的，同时人又具有悟道的可能，因此，老子认为天地人三者都是遵循道的，都是大的。

但天地人的大和道的大是不一样的，道才是那个终极的大，因此，老子最后又强调了道的超越界的"独立而不改"的品性。"人法地，地法天，天法道"，而道是第一因，是最本源的，是绝对独立的，不会效法其他，道只效法自己的本真，即"道法自然"。

"寂"的意思是"没有声音"。

"寥"的意思是"空虚"，引申为"没有形状"。

"周"的意思是"环绕"，意同"反"。

"殆"同"怠"，意思是"松懈，偷懒"。

"域"指的是"在一定疆界内的地方"，这里翻译为"宇宙"。

本章中容易误解的地方有一个：

"道法自然"的意思是"道效法自己的本来状态"，容易误解为"道效法大自然"或"道效法自然规律"。

【企业治理】

一．企业之四大四法。

1. 核心竞争力是企业的道，具有道"大曰逝，逝曰远，远曰反"的一切品性。那么，从核心竞争力到人是怎样的逻辑关系呢？什么又是企业的天和地呢？企业的天是文化，企业的地是制度、流程、战略、模式等顶层设计（以下简称顶层）。从核心竞争力到人的逻辑关系是"核心竞争力大，文化大，顶层大，人也大"，"人法顶层，顶层法文化，文化法核心竞争力，核心竞争力法自然"。

2. 卓越的领导者非常清晰由核心竞争力到人的逻辑关系，也非常清晰由人到核心竞争力的反向逻辑，因而，总是能抓住核心竞争力、文化、顶层、人各个层面的关键所在，不会出现偏离。

二．独立面不改，周行面不殆。

1. 对于企业而言，核心竞争力是绝对的，其他一切都是相对的。企业的一切可以遵循核心竞争力而加以变化，但绝不能让核心竞争力去适应其他一切，不能本末倒置。这一点至关重要。

2. 对于核心竞争力来说，运动是绝对的，静止是相对的。保持核心竞争力源源不断输出的，必须有相应的受体，即企业的一切活动。这就要求企业的一切活动必须与核心竞争力相配称。做到这一点是相当难的，但卓越的领导者总是能做到。

第二十六章

【原文】

重为轻根，静为躁君。

是以圣人终日行不离辎（zī）重。

虽有荣观（guàn），燕（yàn）处（chǔ）超然。

奈何万乘（shèng）之主，而以身轻天下？

轻则失根，躁则失君。

【译文】

重是轻的根本，静是动的主宰。

所以，得道的统治者整天行路都不离开生活物资。

虽然有豪华的住处，但仍然以平常心居住。

为什么拥有兵车万辆的大国的统治者，还要以轻率的态度治理天下呢？

轻率将会失去根本，躁动将会失去主宰。

【解读】

本章讲"无为而治"，强调了"重和静"的重要性。

头重脚轻是站不稳的，一味地躁动，必将把能量消耗殆尽，所以静水流深，而疲兵必败。因此，老子说"重为轻根，静为躁君"。但总有一些人对这些道理不以为然。"浮躁"是人类的通病之一，太多的人陷于轻浮躁动之中，"企，跨，自见，自是，自伐，自矜"，结果"同于失者，道亦失之"。拥有权势的统治者居于众人之上，更容易心浮气躁，轻举妄动，从而给国家带来灾殃。这样的案例不胜枚举。所以老子告诫统治者"轻则失根，躁则失君"。

而得道的统治者深知"重为轻根，静为躁君"的道理，总是"知其雄守其雌，知其白守其黑，知其荣守其辱"，"为天下浑其心"，一直践行"鱼不可脱于渊，国之利器不可以示人"的道理，从而不会"轻则失根，躁则失君"。

"辎重"古代泛指"人们外出时携带的包裹箱笼等物资"，后演化为"行军时携带的器械、粮草、营帐、服装、材料等物资"，这里用古意，引申为"生活物资"。

"荣观"的意思是"豪华的住所"，引申为"豪华的生活"。

"燕处超然"的意思是"像燕子住在燕窝里一样平常而脱俗"，引申为"以平常心居住"。

"乘"是古代兵车的计量单位，"四马一车为一乘"。

本章中容易误解的地方有两个：

1. "圣人"指代"得道的统治者"，老子在这里用得道的统治者为后面的"万乘之主"做榜样。有人将"圣人"改为"君子"，并误解为"卿大夫，士"。纵观整部《道德经》，我们可以清楚地了解到，在老子的心目中，能悟道的人是极少极少的，能悟道并施行无为而治的人更是少之又少，所以他老人家才在第七十章中说"吾言甚易知，甚易行。天下莫能知，莫能行""知我者希，则我者贵"，因而，老子所说的悟道的人只能是极少数的统治者，而不可能是士大夫之类的更多的人。

2. "辎重"古代泛指"人们外出时携带的包裹箱笼等物资"，后演化为"行军时携带的器械、粮草、营帐、服装、材料等物资"，这里用古意，引申为"生活物资"。"辎重"容易误解为"军中载运粮食装备的车"。

【企业治理】

一．冰山理论。

1. 企业的成就，20% 取决于看得见的工作，80% 取决于看不见的工作，就像冰山，露在外面的只是很小的一部分。卓越的企业家总是把主要精力放在看不见的事（核心竞争力）上，深筑墙，广积粮，夯实基础，因为他知道"重为轻根"的道理。

2. 市场竞争中，那些内功不够深厚的企业，基本上没有什么发挥的空间，往往表现轻浮，不堪一击。而卓越的企业因其内功深厚，时而如海啸般势不可挡，时而如细雨般润物无声，时而沉稳厚重，时而轻灵飘逸，随心所欲，变化无穷。如此这般，当然是极爽的。

二．以静制动。

1. 每当新机会出现的时候，真正抓住机会的往往不是最先行动的企业，而是第二批甚至第三批行动的企业，这就是"以静制动"的妙用。其实在大多数领域我们都能感受到"以静制动"的无穷魅力。"沉静"意味着智慧，处于更高的维度，"躁动"意味着野蛮，处于较低的维度，高维打击低维，当然轻而易举，因为"静为躁君"。

2. 卓越的领导者不会被市场的躁动所干扰，总是循道而行。拙劣的领导者则盲从于市场的躁动，被市场牵着鼻子走。因此，卓越的领导者带领企业改变世界，拙劣的领导者带领企业被世界淘汰。

三．品牌是"轻"，核心竞争力是"重"。

1. 可口可乐前董事长罗伯特·伍德鲁夫有一句名言，大意是："假如我的工厂被大火烧灭，假如遭遇到世界金融风暴，但只要有可口可乐的品牌，第二天我又将重新站起。"无数企业用事实证明了这句话是错误的，因为伍德鲁夫不懂"重为轻根"的道理。如果离开了"核心竞争力"这个根，"品牌"就成了飘无定所的浮萍，就失去了生存的基础。因此，卓越的领导者不会让"品牌失根"。

2. 品牌是企业所创造的全部价值的总标签，而企业的一切价值均由核心竞争力创生。卓越的领导者深知这个逻辑关系，所以"汝果欲学诗，功夫在诗外"，总是把打造品牌的重心放在"核心竞争力"这个"无"上，而不是为了品牌而品牌。这叫作"卓越的领导者务虚，拙劣的领导者务实；卓越的领导者爱无，拙劣的领导者爱有"。

第二十七章

【原文】

善，行无辙迹；善，言无瑕谪（zhé）；善，数不用筹策；善，闭无关楗（jiàn）而不可开；善，结无绳约而不可解。

是以圣人常善救人，故无弃人；常善救物，故无弃物。是谓袭明。

故善人者，不善人之师；不善人者，善人之资。

不贵其师，不爱其资，虽智大迷，是谓要妙。

【译文】

善于用道的人，行为不会留下痕迹；善于用道的人，说话没有瑕疵；善于用道的人，计算不必使用筹码；善于用道的人，不用锁子就能关闭，但别人却打不开；善于用道的人，不用绳索就能捆绑，但别人却解不开。

因此，得道的统治者总是善于帮助别人，所以没有被遗弃的人；总是善于使用物，所以没有被废弃的东西。这叫作保持通明透彻的悟道状态。

所以善于用道的人是常人的老师；常人是善于用道的人的学生。

常人不推崇他们的老师，善于用道的人不珍惜他们的学生，虽然很聪明，但却好像不懂得尊贵老师爱护学生一样，这是精微奥妙的境界。

【解读】

本章讲"无为而治"，重点阐述了"道法自然"。

得道之人顺其自然，行无为之为，如行云流水，无迹可寻，一旦有迹可循，就不是"处无为之事，行不言之教"了。本章正是对得道之人道法自然之品性的举例说明。

开篇的五个善并不是"熟能生巧"练就的，而是统治者悟道后进入了道法自然的通明透彻的境界。"是以圣人常善救人，故无弃人；常善救物，故无弃物"也不是一般意义上的解救，而是以道法自然之法则，开启众人和万物的无限可能性，使得人尽其才物尽其用，这才是"大救"之境界，这叫作把万物带入大光明之境。

"善人"即"得道的统治者""不善人"即"不善于用道的人"，也就是"人民"。因为得道的统治者善于教化人民，帮助人民，解救人民，可以将人民带入大光明的境界，所以得道的统治者可以做人民的老师，即"善人者，不善人之师"。

"不善人者，善人之资"中的"资"，是"取"的意思，这里引申为"资源"。当然，这个资源并不是可以用于利益交换的那个资源，而是"教化的对象"。"不善人者，善人之资"的意思是"人民可以成为得道的统治者教化的对象"。

人民从得道的统治者那里学习道，但他们并不会刻意推崇老师；得道的统治者向人民传道授业，也不会刻意珍惜学生，都是"行无辙迹"，自然而然。一旦进入这个状态，就是进入了道法自

道德经与企业治理

然、精微奥妙的境界了。

"辙迹"的意思是"车轮压过的痕迹"，引申为"痕迹"。

"瑕"的意思是"缺点，过失"，"谪"的意思是"责备，谴责"，"瑕谪"的意思是"可以引起人们谴责的过失或缺点"。

"数"的意思是"计算"。

"筹策"是"一种古代计算用具，以木制成的小棍或小片"。

"关楗"指的是"为了防止门被打开而插在门上的木棍，横的叫关，竖的叫楗"，功效相当于今天的"锁子"。

"绳约"即"绳索"，"约"也当"绳子"讲。

"袭"的意思是"照样做，照样继续下去，沿袭，保持"，"明"的意思是"通明透彻"，"袭明"的意思是"保持通明透彻的悟道状态"。

本章中容易误解的地方有三个：

1. "善，行无辙迹"中的"善"指代"善于用道的人"，也就是"得道的统治者"，"行"指代"行为处事"。"善，行无辙迹"的意思是"善于用道的人，行为不会留下痕迹"，容易误解为"善于行走的人不会留下痕迹"。"善，言无瑕谪；善，数不用筹策；善，闭无关楗而不可开；善，结无绳约而不可解"同理。

2. "不善人者，善人之资"的意思是"常人是善于用道的人的学生"，"资"的意思是"资源"，引申为"教化的对象，学生"。"不善人者，善人之资"容易误解为"不善的人可以作为善人的借鉴"。

3.　"不贵其师，不爱其资，虽智大迷，是谓要妙"的意思是"常人不推崇他们的老师，善于用道的人不珍惜他们的学生，虽然很聪明，但却好像不懂得尊贵老师爱护学生一样，这是精微奥妙的境界"，容易误解为"如果不尊重老师，不珍惜借鉴，即使再聪明也免不了陷于困惑，这是一个精微奥妙的道理"。

【企业治理】

一．找出问题的本真。

如果从表象来看，企业的事务千头万绪，令人头疼，但是，如果把这些事务都追根溯源的话，其实就那么几件事。卓越的领导者不为表象所迷惑，不被问题牵着鼻子跑，善于从根本上解决问题。

当遇到问题的时候，第一时间问自己一个问题："这个问题的本真是什么？"然后顺着这个问题追根溯源，寻求解决方案，就能使问题彻底解决。

二．要有一颗"教化"的心。

拙劣的领导者喜欢刷存在感，生怕别人不知道他是领导，这正是背离道的表现。卓越的领导者"善，行无辙迹；善，言无瑕谪"，追求的是"太上，下知有之"的治理境界，因为他把团队当做自己的学生，"处无为之事，行不言之教"，"常善救人，故无弃人；常善救物，故无弃物"，这是最高境界的治理，是最高效率的治理。

卓越的领导者善于在团队内部培养新生力量，因而他所领导的企业基本上不存在人才匮乏的困扰，也不存在接班人的困扰。

第二十八章

【原文】

知其雄，守其雌，为天下谿（xī）。为天下谿，常德不离，复归于婴儿。

知其白，守其黑，为天下式。为天下式，常德不忒（tè），复归于无极。

知其荣，守其辱，为天下谷。为天下谷，常德乃足，复归于朴。

朴散（sàn）则为器，圣人用之，则为官长（zhǎng），故大制不割。

【译文】

得道的统治者掌握着雄劲强大的力量，却甘愿守在柔弱谦下的位置，他就成了天下人的溪涧。成为天下人的溪涧，永恒的德就不会离开他，他就回到了婴儿的状态。

得道的统治者掌握着光明的能量，却甘愿守在暗昧的位置，他就成了天下人的楷模。成为天下人的楷模，永恒的德就不会出现偏差，他就回到了无极的状态。

得道的统治者拥有无上的尊荣，却甘愿守在卑下的位置，他就成了天下人的山谷。成为天下人的山谷，永恒的德就会充足，他就回到了元朴的状态。

朴散化为具体的器物，得道的统治者依照"朴散为器"的原理建立了管理天下的政治制度。所以，完善的政治制度是从"朴"化育而来的，是不可分割的。

【解读】

本章讲"无为而治"，阐述了"道之用"的三大范式："知雄守雌，知白守黑，知荣守辱。"本章是老子"柔弱哲学"的经典篇章。

"知其雄，守其雌，为天下谿"的意思是：得道的统治者明明掌握着政治机器、军队等雄强的力量，却不炫耀，不干涉和控制人民，甘愿把自己放在柔弱的位置上，他像是天下的溪谷一样，天下人都归附他。

"知其白，守其黑，为天下式"的意思是：得道的统治者明明处在光明的位置上，却甘愿把自己放在人民之后，守在暗昧的地方，他是天下人的楷模，天下人都向他学习。

"知其荣，守其辱，为天下谷"的意思是：得道的统治者明明居于人民之上，享有无上的尊荣，却甘愿把自己当做人民的仆人，把自己放在很卑下的位置上，他就像天下的山谷一样，可以包容万物。

对于得道的统治者而言，"雌和雄""黑和白""辱和荣"是阴阳一体互化互生的关系，即"万物负阴而抱阳，冲气以为和"，所以，得道的统治者从来不会非此即彼，而是"于阳中守阴，于阴中抱阳"。

做到三知三守就是做到了三归，即"复归于婴儿，复归于无极，复归于朴"，"婴儿善受，无极广大，朴具有无限可能"，三归就是"返朴归真，道法自然"，也就是"持守道"。

得道的统治者"返朴归真"，然后又遵循"朴散则为器"的原理建立了政治制度，所以这个政治制度是有根的，这个根就是"道"，这样的政治制度当然是不可分割的整体。

关于"守其黑，为天下式。为天下式，常德不忒，复归于无极。知其荣"一段话，很多人认为《道德经》中本来没有这段话，是后人添加上去的，其主要依据是《庄子·天下篇》引用了《道德经》中的"知其雄，守其雌，为天下谿。为天下谿，常德不离，复归于婴儿。知其白，守其辱，为天下谷。为天下谷，常德乃足，复归于朴"，其中没有"守其黑，为天下式。为天下式，常德不忒，复归于无极。知其荣"这段话。其实庄子是原封不动地引用，还是断章引用，并没有可靠的验证，所以不必执着于"守其黑"一段话是不是后人添加的。笔者认为有"守其黑"一段话，更能完整地表达本章的含义，也不会引起误解，所以，有比没有更好。

"谿"同"溪"，指"小河沟，溪涧"。

"常德"的意思是"永恒的德"，也就是"道"。

"忒"的意思是"差错，偏差"。

"辱"的意思是"侮辱，卑下"。

本章中容易误解的地方有两个：

1. "知"是通假字，同"执"，是"执掌，掌握"的意思，容易误解为"知道"。

2. "官长"在这里指的是"政治制度",容易误解为"官僚等级制度"或"百官的首长"。

【企业治理】

一．以柔克刚。

1. 优秀的企业"上善若水",善柔,善能,不管是细流慢润还是大水漫灌,均能保持足够的柔性。因为消费者的心理防线如钢似铁,企业硬冲硬撞只会以失败告终。卓越的领导者深知这个道理,总是采取以柔克刚的方式打开消费者的心门。

2. 优秀的企业善于不战而屈人之兵,很少与对手正面硬拼。即使无可避免要开战,也会采用以柔克刚的方式,令对手犹如被捆缚的莽汉,力无所用,苦不堪言。

二．以静制动。

1. 优秀的企业面对竞争,敌不动我不动,敌欲动我先动。不懂把握战机,贸然出击,不仅会打草惊蛇,丧失机会,也会给己方造成无畏的损失。

2. 消费者最易动,太多的企业因为"跟不上消费者的需求变化"而头疼不已。无论消费者如何变化,卓越的领导者只一招——以静制动。"静之徐清",抽丝剥茧,把消费者需求的本真找出来,只在这个本真上下功夫,"为天下谷",消费者自然会归附。

三．以退为进。

企业经过一个周期的快速发展后，要及时按一下暂停键，自省、自检、自调，从里到外彻底盘整一回，然后再出发，这叫作"反"，叫作"周行而不殆"，也叫作"以退为进"。那些被胜利冲昏了头脑，沉浸在扩张中无法自拔的企业，往往后果都不太好。

第二十九章

【原文】

将欲取天下而为之，吾见其不得已。

天下神器，不可为也，不可执也。

为者败之，执者失之。

是以圣人无为，故无败；无执，故无失。

夫物或行或随；或嘘或吹；或强或羸（léi）；或培或堕。

是以圣人去甚，去奢，去泰。

【译文】

统治者如果想占有天下，并把自己的意志强加给天下，我看他是不能达到目的的。

天下是个神奇玄妙的东西，不能够以某个人的意志强行治理它，也不能人为地控制它。

把个人意志强加给天下的，一定会失败；想人为控制天下的，一定会失去天下。

得道的统治者无为而治，所以不会失败；不妄图控制天下，所以不会失去天下。

万物有的喜欢走在前面，有的喜欢跟随；有的性缓，有的性急；

有的强壮，有的瘦弱；有的上升，有的衰落。

　　所以得道的统治者去除那些极端的、奢侈的、过度的治理方式。

【解读】

本章讲"无为而治"，强调了"去甚，去奢，去泰"。

　　老子向来主张"无为而治，道法自然"，因此，他告诫统治者不要妄图强行占有天下，而要"复归于婴儿，复归于无极，复归于朴"，守静用柔，使天下归心。天下由道而生，由德而育，非一般之物，更非个人私有之物，不是谁想占有就可以占有，谁想控制就可以控制的。强行占有和控制天下，必败无疑。

　　天下万物的本性禀赋不同，状态不同。统治者治理天下时，要遵循万物的本性禀赋，顺势而为，即道法自然。老子要的是真正和谐的天下，而真正的和谐是给予万物按照自己的本性禀赋自由发展的机会和空间，不能以过激的行为强行干涉和控制。因此，老子告诫统治者要"去甚，去奢，去泰"。

　　"不得已"是"不能够完成"的意思，"已"的意思是"完成"。

　　"嘘"的意思是"慢慢地吐气"，这里引申为"性子慢"。

　　"吹"的意思是"合拢嘴唇用力出气"，这里引申为"性子急"。

　　"羸"的意思是"瘦弱"。

　　"培"的原意是"为保护植物或墙堤等，在根基部分加土"，这里引申为"成长，上升"。

"堕"的意思是"掉下来，坠落"，这里引申为"衰落"。

"泰"的意思是"极，过度"。

【企业治理】

一. 市场神器，不可为，不可执。

1. 商界流行这样一句话："一流的企业做标准，二流的企业做品牌。"很多企业也的确以"成为某某行业的标准制定者"而洋洋自得。这个思想作为战术是没问题的，但作为战略就值得商榷了。"市场神器，不可为也，不可执也。"不管是市场标准，还是行业标准，哪个企业真的能依靠某个标准长期控制市场呢？基业长青的企业靠的是"核心竞争力"，而不是某个标准，别人眼里的他们的标准，不过是核心竞争力外化出来的一个表相而已。其中最值得研究的是微软、谷歌、英特尔、IBM、亚马逊、苹果、可口可乐、宜家家居等几家企业。

2. 领导者能够认清市场"不可为，不可执"，是很了不起的。只有认清了这一点，领导者才不会痴心妄想，才不会使错了劲。

二. 去甚，去奢，去泰。

1. "过犹不及"是企业常犯的错误之一。一亿的营销费用与市场目标很配称，偏偏要投入十亿；只有十个亿的胃口，偏偏妄想鲸吞一百亿的市场规模；扩张的时机已经很成熟，偏偏过分地谨小慎微，等等，这些都是"过犹不及"，都是违背了事物的本然，都叫作"为者败之，执者失之"。

2. 卓越的领导者对企业的资源了然于胸，不过度透支，也不过度节约，总是能"尽其用"。

第三十章

【原文】

以道佐人主者，不以兵强天下。

其事好（hào）还。

师之所处，荆棘生焉。

大军之后，必有凶年。

善者果而已，不以取强。

果而勿矜，果而勿伐，果而勿骄，果而不得已，果而勿强。

物壮则老，是谓不道，不道早已。

【译文】

以道来辅佐自己治理天下的统治者，不依靠武力征服天下。

打仗这种事，总会得到报应的。

军队所到的地方，会长满野草。

大战之后，必定出现灾年。

善于用道的人，只是以武力达成目的而已，不会依靠武力来逞强。

达成目的但不会自负，达成目的但不会夸耀，达成目的但不会骄傲，达成目的是因为不得已而用兵，达成目的但不会逞强。

事物过度强硬，就会走向衰亡，事物过度强硬叫作不合乎道，不合乎道就会很快消亡。

【解读】

本章讲"无为而治"，阐述了老子的"军事思想"。

老子认为用兵是不得已而为之的事，统治者应"以无事取天下"，行"不争之争"，绝不能依靠武力征服天下。万事万物皆不脱"因果"二字，武力征服看似威耀，但终究难逃报应。报应不只是来自对手的报复，更来自道的惩罚。大战之后，劳动力稀缺，田地荒芜，饥荒瘟疫横行，统治者得到这样一个天下又有什么意义呢？

武力征服得了天下，征服不了人心。一时的武力强盛过后，统治者的统治很快就会走向末路。"飘风不终朝，骤雨不终日。天地尚不能久，而况于人乎？"

因此，老子劝诫统治者，如果不得不用兵的时候，要有一个明确的目的，达成目的之后就要收兵，不要"矜，伐，骄"，更不能"强"。

"矜"的意思是"自大"。

"伐"的意思是"自夸"。

"骄"的意思是"自满"。

"物壮则老"中的"壮"和"果而勿强"中的"强"一个意思，指"逞强，暴强，强硬"。

本章中容易误解的地方有三个：

1. "以道佐人主者"的意思是"以道来辅佐自己治理天下的统治者"，容易误解为"用道来辅佐国君的人"。以道佐人的是统治者自己，而不是其他人，因为只有统治者有权力和能力决定是不是"以兵强天下"，其他任何人都没有这个权力和能力，所以"以道佐人"的只能是统治者自己。另外，纵观整部《道德经》，我们可以清楚地了解到，在老子的心目中，能悟道的人是极少极少的，能悟道并施行无为而治的人更是少之又少，所以他老人家才在第七十章中说"吾言甚易知，甚易行。天下莫能知，莫能行""知我者希，则我者贵"，因而，老子所说的悟道的人只能是极少数的统治者，而不可能是其他更多的人。

2. "善者"指"善于用道的人"，指代"得道的统治者"，容易误解为"善于用兵的人"。

3. "物壮则老，是谓不道"的意思是"事物过度强硬就会走向衰亡，事物过度强硬叫作不合乎道"，容易误解为"事物壮大了之后，就会回归衰老，这是不合乎道的"。

【企业治理】

不以兵强天下。

1. "拼营销费用"是常见的竞争形态，不搞个你死我活誓不罢休，这叫作"以兵强天下"。如果营销投入不遵循核心竞争力这个道，企业一定会遭到损失甚至灾殃。核心竞争力澎湃强劲，足以支撑企业大规模的市场投入，当然可以投；如果支撑不了，还要与对手硬拼，就是自取灭亡了。卓越的领导者善于"差异化竞争"，而"不以兵强天下"。

2. 当一个企业强大到整个行业都唯其马首是瞻的时候，一定不能"以兵强天下"，务必要给同行留有活路。从竞争的角度讲，对手之间是阴阳共生的关系，一旦所有对手都没有活路的时候，也就意味着自己的路走到尽头了。

3. 当一个企业足够强大时，很容易居高临下地对待消费者，这叫作"以兵强天下"，结果必定是"其事好还"。

第三十一章

【原文】

夫兵者，不祥之器，物或恶（wù）之，故有道者不处（chǔ）。

君子居则贵左，用兵则贵右。

兵者不祥之器，非君子之器，不得已而用之，恬淡为上。

胜而不美，而美之者，是乐（lè）杀人。

夫乐杀人者，则不可得志于天下矣。

吉事尚左，凶事尚右。

偏将军居左，上将军居右。言以丧礼处之。

杀人之众，以悲哀莅之，战胜以丧礼处之。

【译文】

武力是不吉利的东西，人们都厌恶它，所以得道的统治者不以兵强天下。

得道的统治者平时重视左边，使用武力时则重视右边。

武力是不吉利的东西，不是得道的统治者的东西，只有万不得已时才可以使用它，最好淡然视之。

胜利了但不要得意，胜利后洋洋得意的人，都是嗜杀的人。

嗜杀的人，是不可能实现拥有天下的志愿的。

吉利的事以左边为上，凶丧的事以右边为上。

偏将军站在左边，上将军站在右边。也就是说，把打仗这种事按照办理丧事的礼仪来处理。

杀死很多人，要以悲哀的心情对待，战事获胜后要像办理丧事一样处理。

【解读】

本章讲"无为而治"，进一步阐述了老子的"军事思想"。

老子深知战争带给天下的无穷危害，所以告诫统治者务必慎战，说军事战争是不吉利的东西，不应该成为得道的统治者取得天下的手段，即"兵者，不祥之器，非君子之器"。同时，老子又知道战争是无可避免的，万不得已的时候，仗该打还得打。但打仗这种事是很容易彰显统治者的功业的，进而很容易使统治者沉迷于军事征伐，因此，老子告诫统治者"不得已而用之，恬淡为上"，不到万不得已不要轻举战事，万不可存好战之心。一旦沉迷于军事征伐，是不可能取得天下的，"飘风不终朝，骤雨不终日。天地尚不能久，而况于人乎"，所以老子说"夫乐杀人者，则不可得志于天下矣"。

人的起心动念决定了行为，好战之人以征战杀伐为乐，慎战之人以天下苍生为念。好战之人从起心动念上就已经"失之于道"了，所以"道亦失之"，他绝不可能取得天下。慎战之人从起心动念上就"同于道"，所以"道亦德之"，终将天下归心。

老子提出了一个重要的且简单易行的对待战事的方法，即"以丧礼处之"，把打仗当做死了亲人要办丧事一样。如果以这个标准看待战事，统治者就会慎战，而慎战的人当然不会把得胜当做多么开心的事，因为他深深懂得战争无赢家

"吉事尚左，凶事尚右"是古代的礼仪规范。古人认为"左阳右阴"，吉事为阳，所以左为上，凶事为阴，所以右为上。因为上将军是战事的主脑，所以要承担战争的主要责任，又因为要把战事当做丧礼看待，是阴，因此，上将军要站在右边，即"偏将军居左，上将军居右。言以丧礼处之"。

"物"在这里指代"人"。

"莅"的意思是"莅临，对待"。

本章中容易误解的地方有一个：

"故有道者不处"的意思是"所以得道的统治者不以兵强天下"，容易误解为"所以悟道的人不接纳它"或"所以有道的人不使用它"，因为下一句紧接着就是"君子居则贵左，用兵则贵右"，如果统治者不接受用兵或者不使用武力，那么哪来的"用兵则贵右"？又哪来的后面的"偏将军居左，上将军居右。言以丧礼处之。杀人之众，以悲哀莅之，战胜以丧礼处之"？显然，得道的统治者不是不使用武力，而是"不以兵强天下"，使用武力只不过是他实现天下和谐安定之理想的手段之一，而不是目的。

【企业治理】

和对手进行面对面的战斗，不是好兆头。企业一旦陷入与对手的短兵相接，领导者就要注意了，背后一定藏有危机。所以，卓越的领导者慎战，不到万不得已，不会轻举战事。

当下，商场杀得天昏地暗，你死我活。其实，不管交战双方谁主动宣战，谁被动迎战，都已经输了。真正卓越的企业，从核心竞争力这个根源上就和对手形成了差异化，从而导致即使对手想打，也无从下手，不打，对手就只能陷于被动跟随的境地，从而将对手带入两难困局。这就是"一直被模仿，从未被超越"背后的逻辑原理。

第三十二章

道常无名，朴。

虽小，天下莫能臣。侯王若能守之，万物将自宾。

天地相合，以降甘露，民莫之令而自均。

始制有名，名亦既有，夫亦将知止，知止可以不殆。

譬道之在天下，犹川谷之于江海。

【译文】

道永远是无名的，处于真朴的状态。

道虽然很精微，但天下没有人能够降服祂。统治者如果能够持守道，万物就会自动归附于他。

天与地阴阳相合，就可以降下甘霖，甘霖不需要任何人的指使就会均衡分配。

道生万物后，人给万物确定了名称（有了名称也就等于有了占有的欲望），那么就要适可而止，知道适可而止就能避免危险。

道对于天下的意义，就好像河川对于江海的意义一样。

【解读】

本章讲"无为而治"，强调了"知止可以不殆"。

道无名无相，老子称道的这种状态为"朴"。朴指没有经过雕琢的原木。道本虚无，无形无相无边无量，当然谈不上大小了，老子说道"虽小"，不是说物理意义上的大小，而是指道若存若无的虚无品性，人们可以役使动物，征服别人，但如何降服"虚无"呢？所以"天下莫能臣"。其实"降服"之类的思想是常人才有的，得道的统治者始终持守道，天下万物自然如百川入海般归附于他，何需刻意降服呢？

天地万物自有其运行规律，自有其平衡圆满的禀赋，"天地相合，以降甘露，民莫之令而自均"。统治者只要遵循万物之本性，道法自然，无为而治就好了。

道处于真朴状态时，无名无相，一旦朴散为器，万物就出现了，万物的出现也就意味着道由无名化为有名了，这就是"无名，天地之始；有名，万物之母"。万物一旦有了名称，就有了区别，比如黄金和石头是不一样的，也就激发了人们的占有欲望。老子告诫统治者要克制欲望，适可而止，不要做"万乘之主以身轻天下"的蠢事，否则就会遭遇凶险，说的还是"去甚、去奢、去泰"的道理。无为而治，方能百川入海，万物自宾。

"臣"的意思是"使臣服，降服"。

"侯王"指的是"诸侯国的统治者"。

"自宾"的意思是"自动归附"。

"甘露"即"美好的雨，甘雨，甘霖"。

"始"指的是"道创生万物的时候，万物的开始"。"制"的意思是"规定，制定"。"始制有名"即"给万物规定了名字"。

【企业治理】

一．民莫之令而自均。

1. 企业的核心竞争力、文化、顶层设计完善之后，不需要再施加多余的干涉，不管是职责还是收益，都会自行分配与平衡。反过来说，不能实现"民莫之令而自均"的，"核心竞争力、文化、顶层设计"必定有一方面出了问题。

2. 企业如果能持守"真朴"的状态，做好该做的事，自然有喷薄的价值向市场输出，而对市场则不需要太多干涉，因为市场自有一套平衡圆满的运行法则，企业所输出的价值会在这个法则下自动分配给市场中的各个参与者。

二．万物将自宾。

当下，企业面临最大的问题之一是"流量很贵"，其背后的根源是企业做不到"万物将自宾"。一旦企业能够持守道，回归真朴，其实做到"万物自宾"也不是不可能的事。一些国际顶级的品牌很少做广告，但却拥有极为庞大且稳定的消费群体，正是万物自宾的表现。

三．知止不殆。

"不知止"有两个原因：一个是"欲望太多"，俗称"太贪"；一个是"失其所"，没地方可停留了。不管哪种情况，不知止必定会给企业带来很大的危害。解决不知止其实并不难，只要做到"不失于道（核心竞争力），持守真朴"即可。

第三十三章

【原文】

知人者智，自知者明。

胜人者有力，自胜者强（qiáng）。

知足者富。

强（qiǎng）行者有志。

不失其所者久。

死而不亡者寿。

【译文】

了解别人的，是聪明的人；了解自己的，是通明的人。

战胜别人的，是有力量的人；战胜自己的，是强大的人。

知道道之足全的人，是真正富有的人。

强迫自己前行的人，是真正有志气的人。

不离开道的人，是真正长久的人。

身体虽死而精神不亡的人，是真正长寿的人。

【解读】

本章讲"无为而治"，强调了"自知者明"和"自胜者强"。本章是老子"圣人哲学"的经典篇章

统治者想要实现真正的无为而治，首先要使自己具备无为而治的修养和能力。本章正是老子教导统治者强大自己的关键所在。

"知人者智，自知者明。"很多人以洞察世事、人情练达为活得明白的象征，但老子认为这只不过是一般的聪明而已，真正活得通明透彻的人是清清楚楚地认识自己的人。其实，敢于返观内照认识自己本身就是一件很难的事，别说常人，即使是统治者，又有几个敢于面对真实的自己呢？把自己彻底地解剖开来，一丝不挂地展示给自己看，需要极大的勇气。而不仅敢于面对自己，还能把自己看得清清楚楚，明明白白，那就更难了，非有极高的修为不可。所以老子说认识自己才是真正活得通明透彻的人。

"胜人者有力，自胜者强。"杀伐征战当然以击败对手为胜利的标志，胜者也当然是人们崇仰的对象，但在老子眼里，战胜别人只不过说明你比较有力量而已，并不代表你很强大，真正的强大是打败自己。和自己怎么打呢？每个人都有欲望和心魔，它们是人们成长路上的绊脚石，战胜自己就是敢于面对这些欲望和心魔，不把它们消灭掉誓不罢休。其实每个人身上都有道性，都有成为圣人的机会，但最终成为圣人的只是凤毛麟角，原因就在于常人不能战胜自己。一个人成功的程度和对自己凶狠的程度是成正比的。

"知足者富。"不为欲望所绑架，懂得满足和适可而止的人，即知道"道之足全"的人，这样的人才是真正富有的人。道创生了人类，同时也创生了欲望这个恶魔来磨炼人类。是被欲望吞噬，陷入迷途，还是战胜欲望，做回自己，取决于人是否真正的强大。只有"自胜者强"才能"知足者富"。"知足者富"即"常德乃足"。

"强行者有志。"坚持一件事并不难，难的是坚持做应该做的事。"五色令人目盲，五音令人耳聋，五味令人口爽。"世事纷杂，诱惑众多，进而导致欲望膨胀，迷失自己。如何在迷世中坚守道，坚守本真，不忘初心，是摆在统治者面前的一个巨大的挑战。"自知，自胜，知足"还不够，因为肩上还有责任，还有建立大和谐社会的理想，因此，统治者还要做到"强行"，即强迫自己收摄心神，持守道，强迫自己做该做的正确的事，朝着伟大的理想前进。"强行者"即"上士闻道，勤而行之"。

"不失其所者久。"做到了前面四条，就是守住了自己的本性和禀赋，就是守住了道，这样，统治者的心就不会失去根据地，国家就不会失去根据地，统治者就可以长久地拥有天下，天下就可以长久地安定和谐，生生不息。

"死而不亡者寿。""死而不亡"是对一个人的最高赞扬，是对一个人的价值的最大肯定，也是统治者追求的最高目标。做到了前面五条，统治者就是创造了光明伟大的历史，就可以名垂千古，流芳百世，这叫作"肉身虽死，精神永存"，这才是真正的长寿。

本章层次严谨，内容精湛，一气呵成，是《道德经》中的重要篇章，向来为世人所乐道。老子在本章中非常清晰地告诉了我们一个哲理："因上努力，果上随缘。"只要做到了"自知、自胜、知足、强行、不失其所"，自然就会"死而不亡"。刻意地追求名利，就被欲望绑架了，就失了道，结果是"道亦失之"。

本章中容易误解的地方有一个：

"知足"的意思是"知道道的足全"，容易误解为"知道满足"。

【企业治理】

一．自知者明。

1.《孙子兵法》说"知己知彼，百战不殆"，其中的"知己"就是"自知者明"。卓越的领导者不满足于对企业有一个肤浅的了解，而是从内到外，从根源到枝叶，对企业进行彻底地解剖，以求对企业的了解达到通明透彻的地步，这样才算是做到了"知己"。知道自己到底有几斤几两，才知道哪些事能干，哪些事不能干，才能做出正确的决策。

2. 卓越的领导者从来不干自己驾驭不了的事，因为他有"自知之明"，知道哪些情况自己能驾驭，哪些情况自己驾驭不了，从而总是能够正确决策，不会把企业带入危险的境地。

二．自胜者强。

卓越的领导者总是把自己的企业当做"第一假想敌"，把"战胜自己"当做第一战略目标，这样的企业必定生生不息，基业长青。那些整天盯着对手的企业，久而久之，就会被对手牵着鼻子走，就会失去自我。连自我都没了，还谈什么强大？

三．**不失其所者久。**

最恐怖的人生是"心无所依"，最危险的企业是"失于道"。企业一旦背离了核心竞争力这个道，就会成为一片浮萍，只能随波逐流，无所归依，还有比这更危险的吗？卓越的领导者不会让企业失去根据地，不会失去动力之源，这样的企业才走得踏实，长久。

第三十四章

【原文】

大道氾（fàn）兮，其可左右。

万物恃之以生而不辞，功成而不有。

衣（yì）养万物而不为主，常无欲，可名于小；

万物归焉而不为主，可名为大。

以其终不自为大，故能成其大。

【译文】

大道像泛滥的洪水一样，周流在左右。

万物依赖道而生存，道从不会拒绝；道成就万物却从不据为己有。

道养育万物而不加以主宰，祂永远无欲无求，可以称之为小；

万物都归附于道，道还是不加以主宰，可以称之为大。

因为道从不自以为大，所以能成就祂的大。

【解读】

本章讲"无为而治"，强调了"以其终不自为大，故能成其大"。

道具有如下四个典型品性，持守之，统治者即可做到"以其终不自为大，故能成其大"。

1. "无处不在。"道像洪水泛滥一样，无处不在。宇宙万物是由道创生的，实际上，宇宙万物只不过是道的化相，换句话说，宇宙万物本来就是道，道当然是无处不在的。

2. "生而不有，长而不宰。"道的品性不是占有和控制，而是顺其自然，道总是给予万物按照自己的本性禀赋生存发展的自由，不占有，也不控制。

3. "小而无内，大而无外。"道无形无相，向内无限小；道无边无量，向外无限大。何以无限小？因为除了道自身，不必也不需要再有任何其他。何以无限大？因为能容万物，"绵绵若存，用之不勤"。

4. "为而不恃。"道成就万物，却从来不居功，从来不自以为了不起，因为道的禀赋是创生，不创生就不是道了。

"氾"同"泛"，意思是"大水漫流"。

"衣"是动词，意思是"穿衣，覆盖"。

| 道德经与企业治理 |

【企业治理】

一．都是化相。

核心竞争力作为企业的道，无处不在。换句话说，企业所有的价值，都是核心竞争力的化相。把握住这个道理，就能做到"不失其所者久"。

反过来说，企业所创造的一切价值都有助于核心竞争力的畜养和强大，如果没有达到这个效果，说明德不配位了。

二．何为大。

"大"从来都不是原因，而是结果。卓越的领导者心中有道，不失其所，自知者明，自胜者强，所以能把企业带入"大"的境界。

每一个领导者都要问自己一个问题："对于企业来说，何为大？"很多销售额极其庞大的企业，一夜之间随风飘散，这样的企业算不算大？一些默默无闻的企业，两三百年了，历经沧桑巨变，仍然屹立不倒，这样的企业算不算小？不搞清楚这些基本命题，企业就摆脱不了危险的境地，就做不到"不殆"。

大，首先是一种境界，是一种基于全人类的福祉而奋进的境界。境界有多高，企业就有多大。所以，评价一个企业大不大，先不要看它的营业收入，要先看它的境界。

大，其次是一种价值观。价值观不同，会导致领导者对大的认知不同，进而会导致不同的企业治理。一个悲悯苍生的领导者和一个唯金钱马首是瞻的领导者，对于大的认知会有天地之别，那么，他们所追求的大的目标也就有天地之别，企业的结局自然也是天上地下。

第三十五章

【原文】

执大象，天下往。

往而不害，安平太。

乐（yuè）与饵，过客止。

道之出口，淡乎其无味，视之不足见，听之不足闻，用之不足既。

【译文】

守住道，天下人就会来归附。

都来归附但不会互相伤害，就会安乐太平到极点。

乐声和美食，会吸引路过的人停住脚步。

"道"如果说出口来，简直淡得没有味道，看祂却看不见，听祂却听不见，用祂却用不完。

【解读】

本章讲"无为而治"，强调了"执大象，天下往"。

"大象"就是"道"。统治者只要守住道，"抱一为天下式"，天下人自然会来归附。统治者只要遵循道，实行无为而治，天下就会和谐有序，"使民心不乱"，自然就会安乐太平。

道淡而无味，不如五味、五色、五音那么诱人，当然不会勾起人们的欲望，因此，很多人对道不感兴趣，不愿意潜心修道。但只要潜心修道，就会知道道的无穷妙用。道之妙用生生不息，无穷无尽，得道的统治者依道来治理天下，就会"万物将自宾"，就会"天下往，安平太"。

"既"的意思是"动作已经完成，完毕，尽"。

【企业治理】

一．执大象。

卓越的领导者"执大象"，拙劣的领导者"执权欲"。执大象，天下往，执权欲，天下失。从企业的角度来说，"大象"指的是核心竞争力这个道和企业的终极目标，它代表着领导者的格局和境界。

二．乐与饵。

区分一个领导者是否卓越，很重要的一个指标是看他"抵抗诱惑的能力"。"乐与饵，过客止"，但卓越的领导者不会"止"。商业机会层出不穷，诱惑无处不在，一不留神，就会把企业带上岔路。卓越的领导者始终坚守道，所以不会犯这样的错误。

第三十六章

【原文】

将欲歙（xī）之，必固张之；将欲弱之，必固强之；将欲废之，必固兴之；将欲取之，必固与之。是谓微明。

柔弱胜刚强。

鱼不可脱于渊，国之利器不可以示人。

【译文】

想要收敛它，必先扩张它；想要削弱它，必先强化它；想要废弃它，必先兴起它；想要夺取它，必先给予它。这叫作从精微之处走向通明。

柔弱胜过刚强。

鱼不可脱离水，无为而治的思想不可以向人炫耀。

【解读】

本章讲"无为而治"，强调了"弱者，道之用；反者，道之动"。

"弱"和"反"是道的重要品性，所以老子教导统治者务必"知雄守雌，知白守黑，知荣守辱"，绝不能"自是，自伐，自矜"，要从于道，而不要失其所。膨胀到一定程度，强盛到一定程度，被抬举到一定程度，得到的多到一定程度，接下来会怎样？物极必反，都会走向其反面。这就叫"其致之也，谓：天无以清，将恐裂；地无以宁，将恐废；神无以灵，将恐歇；谷无以盈，将恐竭；万物无以生，将恐灭；侯王无以贵高，将恐蹶"。这些规律和道理在人类社会中随处可见，修道的人会从这些微小的事物中启发智慧，领悟道，即"是谓微明"。

"柔弱胜刚强。"为什么柔弱可以战胜刚强？因为道的作用方式是"无为"，是遵循事物的本然顺势而为，不有、不宰、不恃、不执、不争，"天下之至柔，驰骋天下之至坚"，这是像水一样柔弱的行为方式，但其结果却是十分强大的，不仅能使"天下往"，而且能使天下"安平太"。刚强者逆道而行，试图以个人意志强力干涉事物的发展，结果反而走向了反面。"张，强，兴，与"都是"刚强"的表现，都是背道而驰的。

鱼儿在水中才符合它的自然本性，才可以施展它的本事，一旦依靠强力让鱼儿离开水，就违背了它的本性，鱼儿就活不成了。统治者用来治理国家的思想和方法就如鱼儿一般，只有在人民这个水中才符合其本然，一旦以强力使其离开人民，变成炫耀的资本或工具，结果只能是死路一条，即"鱼不可脱于渊，国之利器不可以示人"。

由于老子在本章前面列举的"将欲歙之，必固张之；将欲弱之，必固强之；将欲废之，必固兴之；将欲取之，必固与之"四个现象很像"术"的表现方式，导致很多人将本章理解为老子的"权谋之术"，这是对老子的极大误解，是把老子大大地看小了。老子格局宏大，悲天悯人，只关注人类的福祉，不屑于研究什么权谋之术。老子列举的这四种现象都是客观现象，本身就存在，老子列举它们，只是为了更好地阐述"微明"而已。

"歙"的意思是"收敛"。

"固"在这里是副词，意思是"必然，一定"。

本章中容易误解的地方有两个：

1. "微明"的意思是"从精微之处走向通明"，也就是"从细微之处领悟道"，与前面列举的"将欲歙之，必固张之；将欲弱之，必固强之；将欲废之，必固兴之；将欲取之，必固与之"呼应。容易将"微明"误解为"微妙的光明"或"微妙的先兆"。

2. "国之利器"指代"统治者用来治理国家的思想和方法"，也就是"无为而治的思想"，容易误解为"国家的有力武器"。

【企业治理】

一. 微小之处见道。

为什么有些看起来很强大的企业突然之间就倒下了？往往跑不了这两个原因：一个是偏离了核心竞争力这个道，一个是领导者不懂得"微明"。卓越的领导者善于从微小之中洞察到危机，善于"为之于未有，治之于未乱"。拙劣的领导者往往待到危机已经积累到要爆发了，仍然如在梦中，毫无知觉。而善于"微明"是因为领导者始终持守道，同时有科学的制度流程来保障。

二．鱼不可脱于渊。

企业之治理不可脱离团队，企业之发展不可脱离市场，犹如鱼不可脱离水一样。在内部，企业要站在人性的角度设计制度；在外部，企业要站在消费者潜在需求的角度设计产品。卓越的领导者善于"和光同尘"，善于"为天下浑其心"。

很多企业的制度和流程很丰富，但用起来却不灵，使得领导者非常苦恼。当就制度看制度的时候，往往觉得制度是完美的，但如果站在团队的角度看制度，站在实践的角度看制度，站在核心竞争力和企业文化的角度看制度，才能真正发现制度的不足之处。也就是说，船好不好用，要放到水里再看。

同样，经常看到这样的情况：企业兴高采烈地设计出很多新产品，可一到市场上就瞎火。之所以这样，往往是因为产品创意者一直站在自己的角度考量产品，而没有站在市场的角度去看产品，这就是典型的鱼脱于渊了。所以，卓越的领导者总是把消费者内心深处的潜在需求作为开发新产品的出发点，当消费者内心深处的需求与企业的核心竞争力交汇在一个点上时，就会发生剧烈的化学反应，这样做出来的产品必定是畅销无阻的。这就是超级产品背后的逻辑原理。

第三十七章

【原文】

　　道常无为而无不为。

　　侯王若能守之，万物将自化。

　　化而欲作，吾将镇之以无名之朴。

　　无名之朴，夫亦将不欲。

　　不欲以静，天下将自定。

【译文】

　　道总是无所作为而又无所不为。

　　统治者如果能持守道"无为而无不为"的品性治理天下，万物就会遵循自己的本性生存和发展。

　　如果万物在自行发展过程中有人想要有所作为，我就用没有名称的朴真状态来安定他。

　　没有名称的朴真状态，也就是不使人起欲望。

　　不起欲望而趋于安静，天下就会自己安定。

【解读】

本章是《道经》的最后一章，仍然讲"无为而治"，强调了"不欲以静"。

道体无为，道用无不为。无为是道的超越性，无不为是道的存在性。从道的超越性来说，道是万物之始，是宇宙万物创生的根本驱动力量，超然于宇宙万物之上，"独立而不改"，因此，道不会干涉万物，任其自然化育，即"道常无为"。从道的存在性来说，道是万物之母，即德，是宇宙万物运行的根本驱动力量，道就在万物之中，当然会"无不为"。

如果统治者真正领悟了道无为而无不为的品性，实行无为而治，"超然于万物，不加干涉；内化于万物，驱动其自然发展"，天下就会处于有序的自由状态，这是终极的和谐。

但是，万物有了名称就等于有了区别，有了区别，就会刺激统治者滋生区别心，有了区别心就会滋生欲望，滋生了欲望就想要有所作为，就想要干涉万物、控制万物，就容易背离道之"无为而无不为"的品性，也就是容易背离道。安定欲望最有效的方法，莫过于让统治者回归没有区别心的"无名之朴"的状态了，也就是让统治者对天下万物平等对待，即"天地不仁，以万物为刍狗；圣人不仁，以百姓为刍狗"，"去甚，去奢，去泰"，说的还是回归道、持守道。

"无名之朴"就是没有名称的朴真状态。当然了，只要有人在，万物就不可能没有名称，老子要强调的是让统治者及时回归道，持守道之"无为而无不为"的品性，这样统治者便可做到"生而不有，为而不恃，长而不宰"，所以说"无名之朴，夫亦将不欲"。

一旦有了欲望，就会躁动不安，而"静为躁君"，所以，不起欲望，统治者就不会躁动不安，就会归于安静，即"不欲以静"。当统治者回归于道，持守道之"无为而无不为"的品性，则"万物将自化"，天下就会进入安定和谐的状态，即"天下将自定"。

"无为而治"仅四个字，但做起来实在难如登天，只有得道的统治者才能做到。纵观历史，王朝更迭如走马灯，皆因统治者做不到"无为而治"。因此，老子教导统治者，想要"死而不亡"，就必须做到无为而治，想要做到无为而治，必先潜心修道，提高自己的道行，所以，老子在《道德经》里把"教导统治者无为而治"和"指导统治者修道养性"融合在了一起，在《道德经》的下半部——《德经》中，表现得尤为明显。

本章中容易误解的地方有四个：

1. "侯王若能守之"中的"之"指的是"道常无为而无不为"，容易将"之"误解为"道"。

2. "万物将自化"的意思是"万物就会遵循自己的本性生存和发展"，容易误解为"万物将自生自灭"。

3. "化而欲作"中"欲作"的主语是"侯王"，这句话完整的表达应该是"万物自化，若侯王欲作"，容易将"欲作"的主语误解为"万物"或"有人"。

除了人类，其他万物是没有欲望的，怎么可能"欲作"？

"有人"之所以也是误解，是因为在这一章里，老子教导的对象只有"侯王"一个，而不是任何其他人。"化而欲作"呼应的是前面的"侯王若能守之"，"化而欲作"说的是"侯王不能守之"的情况，当侯王不能守之时，我就用"无名之朴"来安定他。

　　4. "无名之朴"的意思是"万物没有名称的朴真状态"，容易误解为"道的朴真状态"。

【企业治理】

一．万物自化。

　　核心竞争力是道，创生企业万有。卓越的领导者会把企业万有与核心竞争力连接起来，施以无为之治，这叫作"万物自化"。"万物自化"是一个企业所能达到的最高境界的和谐。要实现"万物自化"，领导者需要做好两件事：

　　1. 完成底层思考。思想家之所以对人类的影响巨大，是因为他们一直在思考人类和宇宙的底层问题，一直在追究人类和宇宙的究竟真实，比如："我是谁？""宇宙的起源是什么？""人类的归宿在哪里？"等等。而卓越的企业领导者，也需要完成企业之底层问题的思考，触碰到企业之究竟真实，只有底层问题搞明白了，通明透彻了，做起企业来才能游刃有余。

　　底层问题包括：企业的究竟真实是什么？你的企业要解决人类社会的什么问题？你的企业凭什么能解决这些问题？你的企业和人的关系是什么？你的企业和国家的关系是什么？你的企业和世界

的关系是什么？你的企业以怎样的形态存在？你的企业的归宿是什么？你的企业赖以生存和发展的能量来源是什么？等等。

2. 构建顶层设计。底层问题搞清楚了，再去构建顶层设计，顶层设计才能正确而充满竞争力；顶层设计做得好，才能实现无中生有，从而将底层思考转化为企业的具体存在。这是"重为轻根，静为躁君"的道理。

顶层设计包括：企业文化设计、商业模式设计、制度流程设计等。其中，企业文化设计是核心。现在出现了"顶层设计泛化"和"顶层设计幼稚病"两个趋势，领导者须注意防范。

通透的底层思考＋正确的顶层设计，便能化生出一个生生不息的能量宇宙，这样的企业将万古长青。

二．要守得住。

企业发展中遇到的问题远比预想的复杂得多，稍不留神就会陷入危险之境。考验的是领导者能不能守得住。守什么？守核心竞争力，守企业文化，守初心，守底线。守得住，便是"不欲以静"，则"天下自正"。

| 道德经与企业治理 |

德经

第三十八章

上德不德，是以有德；下德不失德，是以无德。

上德无为而无以为；

上仁为之而无以为；

上义为之而有以为；

上礼为之而莫之应（yìng），则攘（rǎng）臂而扔之。

故失道而后德，失德而后仁，失仁而后义，失义而后礼。

夫礼者，忠信之薄，而乱之首。

前识者，道之华，而愚之始。

是以大丈夫处其厚，不居其薄；处其实，不居其华。故去彼取此。

【译文】

刻意推崇德的统治者，并不具备真正的德，所以需要彰显德以显示其有德；不刻意推崇德的统治者，常德乃足，从来不曾离开德，所以不需要刻意彰显德。

刻意推崇德的统治者追求无为，却无以为德；

刻意推崇仁的统治者有所作为，却无以为仁；

| 道德经与企业治理 |

刻意推崇义的统治者有所作为，且有以为义；

刻意推崇礼的统治者有所作为却得不到响应，就举起手臂，强迫人民顺从。

所以，失去了道才要刻意推崇德，失去了德才要刻意推崇仁，失去了仁才要刻意推崇义，失去了义才要刻意推崇礼。

礼是真诚守信这些品质不足的产物，是人心大乱的开始。

前面那些刻意推崇德、仁、义、礼的统治者，只是借用了道的浮华外表，其实愚昧正是从他们开始的。

因此，大丈夫立身于淳厚而不居于浅薄；守住道之根本而不流于肤浅。所以舍弃"居其薄"和"居其华"，而遵行"处其厚"和"处其实"。

【解读】

本章是《德经》的第一章，阐述了老子对国家治理的认识，提纲挈领，重点强调了"处其厚"和"处其实"。

《道德经》中的"德"不是伦理学中指代"好品行"的德，而是"道之用"，是道的存在性，是道在宇宙万物中的具体体现，是宇宙万物的本性禀赋。"德"和"道"一样，无意识，无区别心。

"上德不德，是以有德；下德不失德，是以无德。"老子始终强调统治者应该遵循道，施行无为而治，因此，在老子心中，最高境界的治理当然是"无为而无不为"。只管遵循道来发挥德，"生而不有，为而不恃，长而不宰"，即"善，行无辙迹"，这就叫作"下德不失德，是以无德"，一旦有了辙迹，就不高明了。而不能领悟道和践行道，不能施行无为而治，也就是德不够圆满强大的统治者，为了显示自己有德，会刻意去彰显德，因此，"上德不德，是以有德"。这种统治者已经失去了道，但又知道道的好处，他们的心还是向往道的，还是试图追求无为而治的，所以，"上德之人"依然是高于"上仁之人"的存在。

"上德无为而无以为。"刻意推崇德的统治者，心中是向往道的，所以他追求无为而治。但由于他不能真正领悟无为而治的妙用，所以他的"无为"不是道的"无为而无不为"，他的无为可能是真的"什么都不做"，也可能是打着无为的幌子行有为之治，所以他"无以为德"，没有德。

"上仁为之而无以为。"刻意推崇仁的统治者已经彻底背离了道，当然也就背离了无为而治，所以他刻意"为之"，对天下进行干涉和控制，推行仁政。但由于背离了道，所以他的仁并不能得到想要的效果，所以他"无以为仁"，没有仁。

"上义为之而有以为。"刻意推崇义的统治者又堕落了一层，离道更远了。离道越远，则越需要"为之"。孟子说："仁，人心也；义，人路也。"即"仁是做人的良心，义是做人的道路"，所以，仁存于内，而义存于外，行义很容易显现出来。因此，虽然到了需要刻意推崇义的时候，天下已经很乱了，但行义还是很容易看到效果的，即"有以为义"。

"上礼为之而莫之应，则攘臂而扔之。"当统治者堕落到了不得不推崇礼的时候，天下已经完全乱套了，即使统治者倡导礼，也无人回应，统治者只好采取更加强力的措施逼迫人民顺从了。

从"下德（持守道）"依次走向"上德、上仁、上义、上礼"，这是一个越来越远离道，越来越远离无为而治的轨迹。因为越来越远离道，因此天下处于越来越危险的境地，直到礼被推崇，说明人心已经陷入大乱之境。

老子并不认为"上德、上仁、上义、上礼"不好，只是想说"德、仁、义、礼"被刻意推崇，证明统治者已经远离道，是很危险的。鉴于此，老子告诫统治者：要守住道，"处其厚，处其实"，坚定不移地施行无为而治，不要做表面文章。

这一章，自古以来争议极多。其中，最难以理解的一句是"下德不失德，是以有德"，理解了这一句，整章的意思就比较容易贯通了。其实，只要遵循"无为而治"这一主线，并保持章内的逻辑贯通，理解起来就会容易和顺畅很多。

"上德"的意思是"刻意推崇德"，引申为"刻意推崇无为而治"。

"下德"的意思是"不刻意推崇德"，引申为"不刻意推崇无为而治"。

"大丈夫"在这里指代"得道的统治者"。

本章中容易误解的地方有三个：

1. "上"的意思是"推崇"，同"不上贤，使民不争"中的"上"，容易误解为"上等的，最好的"。相应的，"下"的意思是"不推崇"，容易误解为"下等的"或"贬抑"。德就是德，仁就是仁，义就是义，礼就是礼，哪来的高低上下之分？

2. "德"是"道之用，本性禀赋"，也就是"道"，引申为"无为而治"，容易误解为"伦理学中指代好品行的德"。

3. "前识者，道之华，而愚之始"的意思是"前面那些刻意推崇德、仁、义、礼的统治者，只是借用了道的浮华外表，其实愚昧正是从他们开始的"，容易误解为"从前的有识之士，只是把握了道的浮华外表，其实正是愚昧的开始"。

【企业治理】

一．治乱宜反。

当企业出现"乱"的先兆时，要"静之徐清"，要"返回道"，这叫作"反者道之动"，也叫作"拨乱反正"。如果"以乱治乱"，必将使局面越来越糟。当乱到一定程度的时候，领导者可能会处于十分被动的境地，被乱局牵着鼻子走，从而离道越来越远。所以，卓越的领导者永远持守"核心竞争力"这个道，永远持守"企业文化"这个德，永远持守"愿景、使命和价值观"，这叫作"处其厚，处其实"。

二．不要羡慕别人的表面文章。

有些企业很吓人，搞出一些稀奇古怪的治理模式，引来商界一片喝彩之声。其实这恰恰是"背弃核心竞争力"的表现，是"祸乱企业的根源"，是"道之华，而愚之始"。

| 道德经与企业治理 |

三．企业治理分三个境界：

（1）最高境界的治理（下德不失德）：持守核心竞争力和企业文化，通过顶层设计实现极致的和谐，领导者处无为之事、行不言之教，上不为而民自化，企业资源的效用能够发挥到极致。这个境界的治理可以不战而屈人之兵。

（2）中等境界的治理（上德不德）：核心竞争力和企业文化被重视，但无法得到有效的践行；顶层设计被重视，但无法做到极致；领导者打着无为而治的旗帜行有为之法，领导者是企业的绝对核心，但企业尚未陷入离了领导者就无法运行的地步。这样的治理下，企业资源的效用发挥得比较充分，但依然存在明显的浪费，企业效率不能达到最高。这个境界的治理可以威慑对手，使对手畏惧，但同时又时时处于对手的威胁之下。

（3）下等境界的治理（上仁／上义／上礼）：核心竞争力和企业文化基本上是个摆设（实际上压根儿就不存在）；顶层设计有，但不够专业；领导者完全背离无为而治，彻头彻尾地施行有为之法，领导者是企业的绝对核心，也是绝对权威，整个企业对领导者高度依赖；企业资源被大量浪费，却无从知道原因，也无从知道哪些资源被浪费；企业的效率很低。这个境界的治理，使企业始终处于与对手短兵相接、你死我活的战斗状态。

当然，还有更多的企业完全谈不上治理，它们只是商界的乌合之众，充当着杂草的角色。

第三十九章

【原文】

昔之得一者：天得一以清；地得一以宁；神得一以灵；谷得一以盈；万物得一以生；侯王得一以为天下正。

其致之也，谓：天无以清，将恐裂；地无以宁，将恐废；神无以灵，将恐歇；谷无以盈，将恐竭；万物无以生，将恐灭；侯王无以贵高，将恐蹶。

故贵以贱为本，高以下为基。

是以侯王自称孤、寡、不谷。此非以贱为本邪（yé）？非乎？

故至誉无誉。

是故不欲琭（lù）琭如玉，珞（luò）珞如石。

【译文】

起始的时候，持守道的情况是这样的：天持守道，得以清明；地持守道，得以安宁；神持守道，得以灵验；谷持守道，得以满盈；万物持守道，得以生长；统治者持守道，天下得以安定。

当其走向极致的时候，是这样的：天不再清明，如果天一直清明下去恐怕就要破裂；地不再安宁，如果地一直安宁下去恐怕就要崩塌；神不再灵验，如果神一直灵验下去恐怕就要耗尽；谷不再满盈，如果谷一直满盈下去恐怕就要枯竭；万物不再生长，如果万物一直生长下去恐怕就要灭绝；统治者不再保持高贵，如果统治者一直保持高贵的姿态恐怕就要失败。

所以，尊贵要以卑贱为根本，高处要以低下为根基。

因此，统治者以"孤家、寡人、仆下"这些低贱的词来称呼自己，这难道不是把低贱当做根本吗？不是这样吗？

所以，最高的荣誉是没有赞誉。

因此，不要华丽如美玉，要粗糙如硬石。

【解读】

本章讲"无为而治"，强调了"反者道之动"。

"昔之得一者"中的"一"和第二十二章中"圣人抱一为天下式"中的"一"意思一样，都是指代"道"。当然，也可以把"一"理解为"德"，和第四十二章中"道生一"中的"一"意思一样，因为德是道之用，是道的存在性，而老子接下来所举的例子都是存在界的现象。道即是德，德即是道。为表述方便，在本章中，笔者以"道"来解读"一"。

"天得一以清；地得一以宁；神得一以灵；谷得一以盈；万物得一以生；侯王得一以为天下正"，这些本来是自然界的正常现象，但物极必反，当其走向极致的时候，就会回到其反面，即"天无以清；地无以宁；神无以灵；谷无以盈；万物无以生；侯王无以贵高"，这就是"反者道之动"，是道"周行而不殆"的奥妙。如果没有遵循"反"的运行规律，就是背离了道，则"同于失"，"道亦失之"，即"天将恐裂；地将恐废；神将恐歇；谷将恐竭；万物将恐灭；侯王将恐蹶"。

老子要说明的是：正和反是阴阳一体的互生互化关系，循环往复是道的运行规则，如果不懂得这些道理，就会出现不好的结果。

所以，接下来老子说："贵以贱为本，高以下为基。"贵和贱、高和下都是互生互化的关系，不能只想要高贵而舍弃下贱，这与老子曾经劝诫统治者的"知雄守雌，知白守黑，知荣守辱"是一个道理。统治者之所以以"孤、寡、不谷"这些下贱的名称称呼自己，正是因为他们知道"贵以贱为本，高以下为基"的道理，统治者这样做的目的就是追求平衡和和谐。"高和贵"当然指的是统治者的地位和尊荣，但"下和贱"除了指低下和卑贱外，更指"人民"。老子告诫统治者只有以地位低下的人民为根基，才能保持其高贵，因为人民才是国家的根本和根基。

当统治者遵循"贵以贱为本，高以下为基"的道理时，天下就会安定和谐。天下的安定和谐是给予统治者的最高荣誉，这样的荣誉是那些美言夸赞所不能比的。所以统治者不必追求那些华丽的外在的东西，做一个简简单单的真朴的行道者就够了。

"蹶"的意思是"跌倒，失败"。

"不谷"原作"不榖"，今人简化为"不谷"，是先秦诸侯之长的谦称，本为周天子所用，后来周室衰落，有些诸侯霸主便僭用了此称呼。

| 道德经与企业治理 |

"琭琭"指"有光泽的样子"。

"珞珞"指"粗糙坚硬的样子"。

本章中容易误解的地方有两个：

1. "一"指代"德"，同"道生一"中的"一"，容易误解为"整合"或"整体"。

2. "其致之也"的意思是"当其走向极致的时候"，"其"指代"天得一以清；地得一以宁；神得一以灵；谷得一以盈；万物得一以生；侯王得一以为天下正"这段话。"致"通"至"，是"极，尽"的意思。"其致之也"容易误解为"推而言之"。

【企业治理】

一．以团队为本，以消费者为根。

领导者居于高位，容易飘飘然，容易脱离团队，脱离市场，从而失去根基。所以，我们经常看到有些领导者很勤奋，但搞出来的东西却不符合企业的实际，执行不了，或者不符合市场实际，不被市场接受。脱离根基的企业治理，很容易演变为"一言堂式的治理模式"和"拍脑袋式的决策模式"，因为领导者和团队已经没有对位沟通的基础了，上下错位了。

很多领导者把"不脱离团队和市场"作为一种权谋之术，当然是不可取的。"不脱离团队和市场"的本质是"保持信息流通的畅通无阻"，进而保证"企业对信息的敏感性"和"决策的正确性"。

二．没有问题就是最大的问题。

当企业安静的时间太长了，或者繁荣的时间太长了，领导者就要当心了，因为接下来很可能就是"天无以清，将恐裂；地无以宁，将恐废"。卓越的领导者善于"为之于未有，治之于未乱"，善于"反"，从来不失于"道"，所以他领导下的企业才能基业长青。

第四十章

【原文】

反者，道之动；

弱者，道之用。

天下万物生于有，有生于无。

【译文】

返回，是道的运动的表现方式。

柔弱，是道的效用的表现方式。

宇宙万物源自有，有源自无。

【解读】

本章是对"道的运动方式和效用方式"的高度概括，是《道德经》中最重要的篇章之一。

"反者，道之动"的意思是"返回，是道的运动的表现方式"。"返回"是对"反"的近似解释，不够精确，"回"这个字不准确，因为道并不是原地转圈，而是以退为进向前发展的，今天晚上和昨天晚上都是晚上，但今天晚上已经比昨天晚上前进了。但实在找不到更加准确的词汇，所以权且用"返回"表达"反"吧。

老子是一位伟大的辩证学家，《道德经》一直在强调"阴阳互化互生"的思想，如"有无相生，难易相成，长短相性，高下相倾，音声相和，前后相随"，又如"知雄守雌，知白守黑，知荣守辱"等。"反"就是阴阳之间的互化互生，循环往复。反不是原地转圈，而是更积极地前进。用一个更加直白的说法就是黑格尔在《逻辑学》中提出的"否定之否定定律"。否定之否定定律说的是"事物总是在不断地自我否定中向前发展，即事物总是不断地走向它的对立面"，和老子的"反者，道之动"完全吻合。

我们看宇宙万物的运行轨迹，没有走直线的，都是画圈，是"反者，道之动"的直观表现。只有返回才能向前，否则就会走向灭亡。一颗彗星走了直线，结局只能是撞在别的星球上，然后毁灭。

"以退为进""以攻为守""以静制动""以柔克刚""置之死地而后生"等都是"反者，道之动"的具体体现。

"弱者，道之用"的意思是"柔弱，是道的效用的表现方式"。"弱"是"柔弱、顺从、安静、卑下、无为"等意思。

"柔弱"是道的主要品性之一。道无形无相，若存若亡，还有比道更柔弱的吗？但柔弱的道的效用却是无边无量、无穷无尽的，道创生万物，育养万物，还有比道更强大的吗？老子说"上善若水"，道的作用方式像水一样，至柔至强，"居善地，心善渊，与善仁，言善信，政善治，事善能，动善时"。

道之用为德，德化生为万物的本性禀赋驱动万物运行，可万物的本性禀赋在哪里？什么形状？不知道！因为本性禀赋同样无形无相，同样是弱到了极点，但却是驱动万物运行的根本力量。

道无为而无不为，是因为道始终顺应万物的本来面貌作用，即顺其自然，顺势而为，一个"顺"字恰恰是"柔弱"的最精准表达。

"天下万物生于有，有生于无"的意思是"宇宙万物来源于有，有来源于无"，这一句是对第一章"无名，万物之始；有名，万物之母"的呼应。"无"是"可能性"，是道的存在状态；"有"是"存在性"，是德的存在状态。无名无形的道之所以能创生万物，是因为无的"可能性"，道之用——德之所以能够育养万物，是因为有的"存在性"。

本章中容易误解的地方有一个：

把"无"和"道"画上等号，把"有"和"德"画上等号，这是不对的。"无"只是道的存在状态，不等于道；"有"只是德的存在状态，不等于德。

【企业治理】

一．尊反守弱。

1. 企业因"反"而生生不息。卓越的领导者不会一味前行，而是善于"革自己的命"，善于"再出发"。

2. 企业因"弱"而不死。卓越的领导者深知"坚强者死之徒，柔弱者生之徒"的道理，所以持守核心竞争力，使得"文化、制度、行为"始终处于"柔弱"状态，不僵，不硬。

二．有生于无。

1. 卓越的领导者专注于"无"，拙劣的领导者专注于"有"。企业的万有都来源于"无"，只有抓住这个要点，才能使企业不断创新，从而生生不息。所谓"创新"，就是"无中生有"的过程。

2. "有之以为利，无之以为用。"用户购买有形的产品或服务，要的是产品或服务那看不见的使用价值，即用户买"有"，为的是"无"。因此，卓越的领导者总是从"无"来创生"有"，再从"有"来观照"无"，最终实现"有无相生"的动态平衡。这样的企业必定能实现"夫唯不争，故天下莫能与之争"的至争效果。

第四十一章

【原文】

上士闻道，勤而行之；中士闻道，若存若亡；下士闻道，大笑之。不笑不足以为道。

故建言有之：

明道若昧；

进道若退；

夷道若纇（lèi）；

上德若谷；

广德若不足；

建德若偷；

质真若渝；

大白若辱；

大方无隅（yú）；

大器晚成；

大音希声；

大象无形；

道隐无名。

夫唯道，善贷且成。

【译文】

上等智慧的人听了道以后，努力去践行道；中等智慧的人听了道以后，将信将疑；下等智慧的人听了道以后，哈哈大笑着嘲笑道。不被下等智慧的人嘲笑就算不上是真正的道。

所以，格言说过：

得道的人通明透彻，但看起来好像很浑朴暗昧；

得道的人进步很快，但看起来像在退步；

得道的人在修道时平坦顺遂，但看起来好像很坎坷曲折；

得道的人德行足全，但给人的感觉像山谷一样空空荡荡的；

得道的人在广施德行的时候，总像是德不够用；

得道的人在构建德业的时候，总像是在偷工减料；

得道的人质朴纯真，但看起来好像很善变；

得道的人是最纯洁的，但看起来好像有污垢；

得道的人是最有原则的，但人们却看不到他的棱角；

得道的人道深德广，但需要很长时间才能达成这种境界；

得道的人总是发出最大的声音，但人们却听不到他的响动；

得道的人形象最高最大，但人们却描述不出他的具体形状；

得道的人总是把自己隐藏起来，别人都不知道他的名字。

因为道，善于借助"昧、退、纇、谷、不足、偷、渝、辱、晚成、希声、无形、无名"等来成就修道者。

【解读】

本章对得道的人进行了全方位的描述，明确指出《道德经》不是写给"下士"看的。

老子把人分为三类：上士，上等智慧的人；中士，中等智慧的人；下士，下等智慧的人。这三类人对待道的态度截然不同。

上士抱着虔诚之心学道，像是愚痴的没有自我主张的人一样，道让他们怎么做他们就怎么做，不怀疑，不犹豫。这种人有大智慧，知道道妙用无穷，所以虚怀若谷，虔诚修炼。这样的人少之又少。

中士也想接近道，但并不真诚，他们自以为聪明，自以为很有主张，脑子是满的，很难装进去新东西，在修道这件事上他们总是将信将疑、犹犹豫豫、摇摆不定。这种人很多。

下士就彻底和道无缘了，他们只能用眼睛、耳朵、鼻子、四肢等身体器官直观地感受这个世界，十分肤浅，稍微深一点点就领悟不了了，但又自以为聪明无比，因此，他们认为道很可笑，还不如他们自己的道理有用。这种人最多。

面对这三类人，老子毫不客气地指出道不适合下士修习，说"不笑不足以为道"。

接下来，老子借用格言，对得道的人进行了比较具体而全面的描述。借用格言是老子的自谦，这些话应该是老子自己说的。老子如此详细地描述得道之人，实际上是在描述道，是在进一步说明为什么"不笑不足以为道"，因为得道的人总是展现出让下士看起来很"柔弱、卑下、暗昧、后退、黑污"等"众人之所恶"

的品性，下士当然不喜欢了，其实是他们领悟不了"这才是道真正的奥妙所在"。

对于得道之人的描述，可与第二十章的内容结合起来，会更完整和立体一些。

"纇"指"丝上的疙瘩"，引申为"不平坦"。

"偷"的意思是"欺瞒，隐瞒"，引申为"偷工减料"。

"渝"的意思是"改变"。

"辱"的意思是"脏污，玷污"。

"隅"的意思是"角落，墙角"。

"贷"的意思是"借贷，借助"。

本章中容易误解的地方有两个：

1.　"明道若昧……道隐无名"这段话的主语是"得道的人"，容易把主语误解为"道"，从而导致整章的意思完全拧了。道"视之不见，听之不闻，搏之不得"，人们是怎么知道祂"若退、若纇、若偷、若渝、若辱、无隅、晚成、希声"的呢？而且还了解得这么具体详细。显然，这是对得道者的描述，而不是对道的描述。

2.　"夫唯道，善贷且成"的意思是"因为道，善于借助'昧、退、纇、谷、不足、偷、渝、辱、无隅、晚成、希声、无形、无名'等来成就修道者"，其中"贷"是"借助"的意思。容易将"夫唯道，善贷且成"误解为"只有道，善于辅助万物并且使万物善始善终"或"只有道，善于辅助万物并且一一完成"。

【企业治理】

一．思想是分阶层的。

在企业里，经常出现这样的情形：领导者在上面大讲战略，而下面的员工在打瞌睡，这是因为领导者没搞清楚"下士闻道大笑之"的含义，用错了力。所谓在其位谋其事，什么层面的人应该对位什么样的信息，是很讲究的，如果不能精确配称，就会造成巨大的浪费，特别是团队精力、时间、知识的浪费。

二．不做爱学习的文盲。

很多领导者把大量精力用于"学习"，四处听讲座，最后企业治理不仅没有任何改观，反而越做越差。造成这种情况的，有三个原因：

第一个原因是，领导者本身是个"下士"，是精明的蠢人，他所谓的"学习"，不过是掩盖自己内心的自卑和懦弱的手段而已，是一块遮羞布，并不是真正的学习，所以"学习"和他的实际行动根本不存在任何关联。

第二个原因是，领导者本身是个"中士"，是精明的普通人，向往知识，但又过于自作聪明，不愿意沉下心来领悟知识，学习十分消化三分，最终，知识在他这里完全被肢解和变形了，当然无法转化为有效的生产力了。

第三个原因是，领导者并不知道应该学什么，人云亦云，昨天流行学东他就去学东，今天流行学西他又去学西，什么都想学，反而陷入了"多则惑"的困境。

真正善于学习的领导者，不合乎核心竞争力的不学，不把所学化进自己的思维里决不罢休，不把所学变成一种下意识的行动反应决不罢休，不做到知行合一决不罢休。

第四十二章

【原文】

道生一，一生二，二生三，三生万物。

万物负阴而抱阳，冲气以为和。

人之所恶（wù），唯孤、寡、不谷，而王公以为称。

故物或损之而益，或益之而损。

人之所教（jiào），我亦教（jiào）之。

强（qiáng）梁者不得其死，吾将以为教（jiào）父。

【译文】

道化生德，德化生阴和阳，阴和阳激荡合和化生阴、阳、和，阴、阳、和化生万物。

万物都是背负着阴，怀抱着阳，由阴阳激荡成为和谐的整体。

人们所厌恶的，就是沦为"孤家、寡人、仆下"，但统治者却以"孤家、寡人、仆下"来称呼自己。

所以一切事物，有时减损反而是增益，有时增益反而是减损。

别人教导我的，我也用来教导别人。

强暴的人难以得到善终，我将以此作为施教的开始。

【解读】

本章阐述了老子的"创世思想"，强调了"和"的重要性。

老子先阐述了他的"宇宙生成论"，即"道生一，一生二，二生三，三生万物"。"生"不是"生产"的意思，而是"化生"的意思，像孙悟空七十二变一样，由一个化生为多个，但其本体不变，始终都是"道"。

"一"是什么，向来争论不休。笔者认为"一"是"德"。原因如下：

道属于超越界，而万物属于存在界。超越界的道如何化生出存在界的万物来呢？逻辑上不通。所以道在超越界创生万物以后，万物的自然化还需要一个中间环节，也就是"道体"必须转化为"道用"，而"道用"就是"德"，所以"道生一"即"道生德"，"道生一"是道由超越界进入存在界的运行轨迹。道化生"德"这个一，德再化生为"阴、阳"二气，阴和阳激荡冲和化生出"和"，然后再由"阴、阳、和"三气化生万物。"德、阴、阳、和"都是道，是道化生万物的运行路径。

解决了宇宙的生成问题以后，老子紧接着又抛出了自己的"万物存在论"，描述了宇宙万物的存在方式和状态，即"万物负阴而抱阳，冲气以为和"。

"阴、阳、和"三气化生万物，可为什么万物是"负阴而抱阳"呢？古人认为阴气沉浊，阳气轻清，沉浊的下降，轻清的上升，才能激荡交流进而合和。万物都是阴阳合和的存在状态，是和谐体。

前面的宇宙生成论和万物存在论，都是为了引出后面的四句话："人之所恶，唯孤、寡、不谷，而王公以为称。故物或损之而益，或益之而损。人之所教，我亦教之。强梁者不得其死，吾将以为教父。"

"人之所恶，唯孤、寡、不谷，而王公以为称。"人们通常不喜欢阴，如"孤、寡、不谷"等，而喜欢阳，如"热闹、多、尊上"等，得道的统治者为什么偏偏要以人们不喜欢的东西来称呼自己呢？因为统治者深知孤阴不生、独阳不长，万物都是"冲气以为和"的和谐体。统治者身处"雄、白、荣"的阳的状态，必须同时接受"雌、黑、辱"的阴的冲和，才能达到和谐，只有和谐了才能生生不息，所以得道的统治者"知雄守雌，知白守黑，知荣守辱"。

所以，凡事都要从"阴、阳、和"三个角度来看。表面看受了减损，实际上反而获得了增益；表面看获得了增益，实际上反而受到了减损，即"故物或损之而益，或益之而损"，这就是"万物负阴而抱阳，冲气以为和"。

老子总是很谦虚，说这些都是别人教给他的，他也这样教别人，实际上都是他老人家自己说的。老子是得道的圣人，始终持守着道的谦卑的品性。

"强梁"的意思是"强横凶暴"。

"父"同"甫"，是"开始，起初"的意思。

本章中容易误解的地方有三个：

1. "一"指代"德"，容易误解为"道"。如果将"一"理解为"道"，那么"道生一"就要翻译成"道生道"，这种翻译会很尴尬，为什么老子不直接说"道生二"呢？显然，"一"不是"道"，而是"德"。还有把"一"误解为"统一的整体"的，道不就是统一的整体吗，怎么又生出来一个统一的整体呢？没有必要嘛。

2. "生"的意思是"化生"，容易误解为"展现，形成，产生"。

3. 容易将"道生一，一生二，二生三，三生万物。万物负阴而抱阳，冲气以为和"与后面的"人之所恶，唯孤、寡、不谷，而王公以为称。故物或损之而益，或益之而损。人之所教，我亦教之。强梁者不得其死，吾将以为教父"这两部分割裂开来，认为这两部分之间没有联系。实际上，"道生一……冲气以为和"正是"人之所恶……吾将以为教父"的理论依据，两部分之间的联系非常紧密。

【企业治理】

一．核心竞争力创生企业之万有。

"核心竞争力"化生"企业文化"，"企业文化"化生"阴、阳"，阴阳激荡合和化生"阴、阳、和"，"阴、阳、和"化生"企业万有"。这个逻辑关系是企业的根本逻辑，卓越的领导者始终持守这一逻辑，从而"不失于道"。

二．阴，阳，和。

企业之所以能基业长青，因为"阴阳冲和"。优秀的企业是一个"和谐体"。拙劣的领导者惯于把阴和阳割裂开来，搞非此即彼那一套。卓越的领导者知道"阴阳本一体，冲气以为和"，因此，善于"阴中求阳，阳中求阴"，善于"和"。

三·企业中重要的阴阳和谐体有：

1. 核心竞争力（阴）与企业文化（阳）。

2. 底层思考（阴）和顶层设计（阳）。

3. 危险（阴）与机遇（阳）。

4. 成本（阴）与收益（阳）。

5. 研发生产（阴）与市场营销（阳）。

6. 领导（阴）与团队（阳）。

7. 管理（阴）与执行（阳）。

8. 对手（阴）与企业（阳）。

9. 消费者（阴）与企业（阳）。

10. 供应商（阴）与企业（阳）。

11. 政策（阴）与企业（阳）。

12. 环境（阴）与企业（阳）。

以上十二大阴阳组合如果不能形成和谐体，那么企业就会有大麻烦。卓越的领导者持守核心竞争力和企业文化，很容易就能使这十二对阴阳组合合和化一，从而形成通畅无阻的内循环、外循环和内外循环。

第四十三章

【原文】

天下之至柔，驰骋天下之至坚；

无有入无间（jiàn）。

吾是以知无为之有益。

不言之教，无为之益，天下希及之。

【译文】

天下最柔弱的东西，可以驾驭天下最坚强的东西；

无形的力量可以穿透没有间隙的东西。

我因此知道无为的益处是存在的。

无言的教导，无为的益处，天下很少有人能领悟得到。

【解读】

本章讲"无为而治"，强调了"弱者，道之用"。

石头很坚硬，但一滴水就能击穿它。砂石很致密，但水照样能渗透进去。这就是柔弱的力量。当柔弱到了极致，反而是最坚强的，同样的，当坚强到了极致，反而是最柔弱的。这个道理很容易理解，因为生活中太常见了。老子要强调的是：

"道法自然，无为而治"才是最强大的治理方式。在第二章中也有阐述："是以圣人处无为之事，行不言之教；万物作而不为始，生而不有，为而不恃，功成而弗居。夫唯弗居，是以不去。"

【企业治理】

企业要认真研究"渗透哲学"。消费者很善于"防守"，在自己的心智外面建筑了铜墙铁壁，谁能穿透这铜墙铁壁，谁就能持续获得消费者的忠诚，就能做到"天下往"。攻击最坚强的防守，必须用最柔弱的方式。卓越的领导者善于借助企业文化的力量，运用"水之七德"，所以战无不胜。

第四十四章

【原文】

名与身孰亲？

身与货孰多？

得与亡孰病？

甚爱必大费，多藏必厚亡。

故知足不辱，知止不殆，可以长久。

【译文】

名声和生命，哪个更亲切？

生命与钱财，哪个更贵重？

得到与失去，哪个更有害？

过分追逐名声，必定要付出很大的代价；过分聚积钱财，必定会招致惨重的损失。

所以，知道道之足全的人没有缺点，知道适可而止的人不会招致危险，这样才可以保持长久。

【解读】

本章讲"无为而治",强调了"知足不辱,知止不殆"。

第十三章说,统治者要"贵大患若身","贵以身为天下,若可寄天下;爱以身为天下,若可托天下",说的是得道的统治者对待天下的态度,像珍贵自己的身体一样珍贵天下,像爱惜自己的身体一样爱惜天下。而本章说的则是得道的统治者对待自己的生命的态度,强调的是"知足不辱,知止不殆"。

世人多贪名利,是因为没有看透人生,没有领悟道。名利和生命相比其实什么都不是,所以我们经常看到某个人在生命垂危之际才知道"活着比什么最重要"。统治者的生命是天下的,如果在名利上耗费太多的生命能量,还拿什么去实现"无为而治的理想"呢?所以,统治者必须把生命看得比名声更亲切,比钱财更贵重,使自己有更长久的生命去实现理想。怎么才能做到呢?"知足""知止",也就是领悟道,持守道,践行道。

"身与货孰多"中的"多"是"重"的意思,与"轻"相对。

"病"的意思是"损害,祸害"。

"厚"的意思是"深,重"。

"亡"的意思是"失去"。

"辱"的意思是"脏污,玷污",引申为"缺点"。

本章中容易误解的地方有两个:

1. "知足"的意思是"知道道的足全"，也就是领悟道，容易误解为"知道满足"。

2. "辱"的意思是"脏污，玷污"，同"大白若辱"中的"辱"，容易误解为"羞辱，屈辱"。

【企业治理】

卓越的领导者有正确的名利观，这很不简单。所谓"正确的名利观"，并不是放弃名利，也不是淡泊名利，更不是追名逐利，而是让个人名利观与"核心竞争力／企业文化"激荡冲和。因为，一旦走上领导岗位，领导者就和企业融为一体了，特别是关键创始人。卓越的领导者"知足，知止"，所以企业"长久，不殆"。

很多企业领导者不能领悟这个道理，往往因追逐个人名利而伤害到企业。还有一些领导者走向了另一个极端，即将个人的淡泊名利偷梁换柱为企业的淡泊名利，从而大大削弱了品牌建设和市场营销上的投入，这都是不可取的。

其实，把领导者的个人名利与企业的名利区隔开来，是一项极其困难的事情，卓越的领导者往往采取以不变应万变的策略：坚定地"抱一为天下式"，凡是合乎企业核心竞争力、合乎企业文化、合乎道德、合乎法律的事情，都可以做，反之，则不能做。

第四十五章

【原文】

大成若缺，其用不弊。

大盈若冲，其用不穷。

大直若屈，大巧若拙，大辩若讷（nè）。

躁胜寒，清胜热。

清静为天下正。

【译文】

最大的圆满好像有欠缺一样，所以它的作用才不会衰竭。

最大的充实好像很空虚一样，所以它的作用才没有穷尽。

最大的正直好像是屈曲的一样，最大的灵巧好像是笨拙的一样，最大的善辩好像是木讷的一样。

干燥胜过寒湿，清凉胜过炎热。

平淡无为才是天下的正常状态。

【解读】

本章讲"无为而治"，强调了"清静为天下正"。

"大成若缺，大盈若冲，大直若屈，大巧若拙，大辩若讷"，是说完美的事物看起来却很平常。治理天下也是一样，无为而治是最好的治理，但给人的感觉却是平平常常的。就像人们觉得寒湿和炎热不舒服，所以就喜欢干燥和清凉更多一些，这叫作"顺其自然"。通过这些现象我们就能看出来："平淡无为"才是天下的正常状态。

表面看起来"平淡无为"的治理，背后却有着无穷无尽的力量，能使天下保持持久的和谐安定，也就是"其用不弊，其用不穷"。

"弊"的意思是"破损，衰亡"。

"冲"的意思是"空虚"。

"讷"的意思是"言语迟钝"。

"清静"的意思是"清淡安静，不烦扰"，引申为"平淡无为"。

本章中容易误解的地方有两个：

1. "躁胜寒，清胜热"的意思是"干燥胜过寒湿，清凉胜过炎热"，容易误解为"疾走可以克制寒冷，安静可以化解炎热"。有将"清胜热"写为"静胜热"的，"静胜热"在逻辑上与上下文无法贯通，这里参考郭店竹简本，确定为"清胜热"。

2. "清静为天下正"的意思是"平淡无为才是天下的正常状态"，容易误解为"清静无为可以做人民的模范"或"清静无为才能统治天下"。

【企业治理】

"平淡无为"是一个企业最好的状态。我们看那些行业领袖们，很少有轰轰烈烈的事情发生，都是持守着"核心竞争力"，持守着"真朴"的状态，做着正确的事。当然，如果从微观的时间段看，企业发展的每一步都是惊心动魄的，但这本身就是"企业"这一事物的固有属性之一，不能把这种所谓的惊心动魄当做特殊状态来看待和学习。放大到一个更长的时间段里，其实这些所谓的惊心动魄都是一个企业普普通通的经历。就如同大海，当你贴近它时，你会觉得大海真是波澜壮阔，每一个海浪都足够震撼人心；但当你远距离看它时，会发现，其实它很平静，平平淡淡。卓越的领导很明白这个道理，所以不会把企业的事情当做炫耀的工具，他下的都是看不见的功夫。

有些企业曾经做出过一点比较突出的业绩，领导者为此可以吹一辈子；也有一些企业犯过比较典型的错误，就成了市场经久不衰的批判的对象。这两种情况都是没必要的。卓越的领导者始终保持着"平常心"，始终把企业放在一个足够长的时间段里去看待，因为他深知企业不过是人类社会中的一个组成元素而已，完成自己的使命，做好自己该做的事情，就是成功了。

第四十六章

【原文】

天下有道，却走马以粪。

天下无道，戎马生于郊。

祸莫大于不知足；咎（jiù）莫大于欲得。

故知足之足，常足矣。

【译文】

统治者持守道，天下和谐安定，则马匹被送回农村耕田。

统治者背离道，天下战乱不止，则马匹被征为战马而生于战场之上。

没有比不知足更大的祸患了；没有比贪欲更大的灾错了。

因此，领悟了足全的道的足全，就能长久地足全了。

【解读】

本章讲"无为而治"，强调了"知'足之足'，常足矣"。

老子认为只有无为而治才能实现终极的和谐安定。天下有道，就是统治者实行了无为而治的结果。但贪欲往往会诱惑统治者背离道，从而导致天下无道，所以老子一再告诫统治者"天下神器，不可为也，不可执也"，要"去甚，去奢，去泰"，要"知足，知止"。

老子告诫统治者一定要相信道，只有道才是真正足全的，只有无为而治才是治理天下的正途，这叫作"知'足之足'，常足矣"。

《道德经》里所说的"知足"是指"领悟道的足全"，也就是"持守道"，"不知足"是指"没有领悟道的足全"，也就是"背离道"，都是针对统治者说的。俗话说的"知足常乐"具有很强的消极引导，而老子的"知足"却是积极进取的，是领悟大道的足全。

另外，"戎马生于郊"一句可以理解为"战马在郊野出生"，也可以理解为"战马生活在郊野"，意思虽略有不同，但并无本质的区别，不影响对整章含义的理解。

"却"的意思是"退还，不受"。

"郊"，上古时代国都外百里以内的地区称"郊"，这里以郊指代战场。

"咎"的意思是"过失，罪过，灾祸"。

本章中容易误解的地方有一个：

"故知足之足，常足矣"的意思是"因此，领悟了足全的道的足全，就能长久地足全了"，"足之足"的意思是"足全的道的足全"。"故知足之足，常足矣"容易误解为"因此，知道满足的满足，才是长久的满足"。

【企业治理】

一．管理就是不浪费。

"人尽其才，物尽其用"是企业管理的最高追求，背后的道理就是"不浪费"。不浪费不等于压榨，而是持守核心竞争力，以企业文化化育人和物，给予其充分发挥效用的空间和自由，这才是最大的效率。

二．内外俱足。

1. 在企业里，只有一个东西是"足全"的，就是核心竞争力。遵从这一道理的，就会基业长青；背离这一道理的，就会遭遇危险。因此，卓越的领导者总是不遗余力地观照核心竞争力。

2. 领悟了核心竞争力的足全，还要懂得持守这个足全去施行无为而治，把核心竞争力的足全外化为企业万有的足全，这才是"常足"。要做到这一点，最大的困难在于"核心竞争力、企业文化、企业万有三者之间的路径打通"。至于具体的实操，只要真正领悟了道，自然是有规律可循的。

3. 卓越的领导者知足（领悟了核心竞争力的足全），拙劣的领导者知足（碎微的满足）。

第四十七章

【原文】

不出户，知天下；

不窥牖，见天道。

其出弥远，其知弥少。

是以圣人不行而知，不见而明，不为而成。

【译文】

得道的统治者不用走出大门，就能了解天下的情况；

不用开窗望外，就能领悟道的奥妙。

向外走得越远，对道的领悟就越少。

所以得道的统治者不必经历就能知道，不必看见就能明白，不必作为就能成功。

【解读】

本章讲"修道的方法"，再次强调了"致虚极，守静笃"。

道"视之不见，听之不闻，搏之不得"，"无状之状，无物之象"，不是通过感官能感知到的，所以行千里路读万卷书都是没用的，只有"致虚极，守静笃"，"为道日损。损之又损，以至于无为"才能领悟道之奥妙，这叫作"故常无欲，以观其妙"。一旦得道，就能"不行而知，不见而明，不为而成"。

"其出弥远，其知弥少"的意思是"向外走得越远，对道的领悟就越少"，这个走得远不只是身体上的走远，更是心灵上的走远，是说当心灵失去其根据地后，走得越远反而越难以领悟道。老子还是在强调"重为轻根，静为躁君"和"致虚极，守静笃"的重要性。

【企业治理】

有些领导者整天东奔西跑，披星戴月，但企业还是做不好，为什么呢？因为他不能持守"虚静"，不懂"其出弥远，其知弥少"的道理。卓越的领导者能"不行而知，不见而明，不为而成"，只因为他懂得"为道日损"，能够做到"常无欲，以观其妙"。

太多的领导者热衷于"营销（狭义的营销）"，把大部分的资源都投入到了营销之中，而消费者也比较吃这一套，从而导致企业迅速做大。因为很容易就见到了营销的回报，领导者就越发看重营销，从而陷入营销难以自拔，而忘记了核心竞争力和企业文化。这是典型的"其出弥远，其知弥少"，也是典型的"务末思维"。这样做的后果是：当竞争升级后，企业就会迅速被淘汰。一个极具时代性的现实案例是：在经济向互联网转型期，很多所谓的传统企业迅速出现转型艰难、生存艰难，甚至死亡的现象。

卓越的领导者"务本"，拙劣的领导者"务末"。

第四十八章

【原文】

为学日益，为道日损。

损之又损，以至于无为。

无为而无不为。

取天下常以无事，及其有事，不足以取天下。

【译文】

做学问，每天要增加一点；修道，每天要减少一点。

减少再减少，一直到无所作为的地步。

无所作为而无所不为。

得道的统治者总是不刻意作为，所以能取得天下，一旦刻意作为，就不能够取得天下了。

【解读】

本章讲"无为而治"，重点是"为道日损"。

"为学"是智力层面的事，是横向的，要向外求，要做加法；"为道"是智慧层面的事，是纵向的，要向内求，要做减法。

"为学日益"有两层意思：第一层意思是，学习知识和技能，需要日积月累，不断增加，是有益的一面；第二层意思是，随着知识的增多，人的欲望也会不断增加，是不好的一面。

"为道日损"也有两层意思：第一层意思是，修道，需要不断减少欲望和干扰，"致虚极，守静笃"，只有这样才能真正领悟道之奥妙；第二层意思是，在修道的进程中，随着对道的领悟越来越深，欲望也会不断减少。

"损之又损，以至于无为。"当欲望和干扰减少到"无"的状态时，修道者就会处于完全不干涉、不作为的状态，就是悟道了。得道之后，就能做到"无为而无不为"，这是一个合格的统治者应该具备的素养。

得道的统治者道法自然，无为而治，不需要刻意作为，"执大象，天下往。往而不害，安平太"。一旦刻意作为，将自己的意志强加于天下，对万物干涉太多，控制太多，天下就不会归附于他了。

"损之又损，以至于无为"的最佳案例有：释迦牟尼悟道，市场经济，苹果模式，谷歌模式等。

本章中容易误解的地方有两个：

1. "无事"即"无为"，是"不刻意作为，不妄为"的意思，容易误解为"无所事事"。相反，"有事"是"刻意作为"的意思，容易误解为"有事要做"。

2. "及其有事，不足以取天下"的意思是"一旦刻意作为，就不能够取得天下了"，容易误解为"等到有事要做，就不配治理天下了"。

有些人将"取天下"译解为"治理天下"，是不对的。老子所处的历史时期，天下处于分裂割据状态，各诸侯国之间战争频繁，都在力争独霸天下，"取天下"是当时的主旋律，所以老子在《道德经》里多次提到"取天下"，且"取"字并无"治理"之意。

【企业治理】

一．善做减法。

卓越的领导者"做减法"，拙劣的领导者"做加法"。企业在发展的过程中，会遇到越来越多的机会，如何对待这些机会，成为区分领导者卓越与否的重要标志。卓越的领导者善做减法，不是说企业的业务越少越好，而是万变不离其宗，不背离"核心竞争力"这个道，凡是背离道的，机会再多也不要。所以，卓越的领导者一直忙于"砍掉"那些不符合核心竞争力的业务和行为。而拙劣的领导者很容易被机会绑架，从而沦为机会主义者。

二．别没事找事。

卓越的领导者"处无为之事，行不言之教"，"务本，务虚，爱无"，这叫作"以无事取天下"。拙劣的领导者恰恰相反，"务末，务实，爱有"，生怕没事干，电话不响立马心慌，没人汇报立马乱套，这叫作"及其有事，不足以取天下"。

第四十九章

【原文】

圣人常无心，以百姓心为心。

善者，吾善之；不善者，吾亦善之；德善。

信者，吾信之；不信者，吾亦信之；德信。

圣人在天下，歙（xī）歙焉，为天下浑其心，百姓皆注其耳目，圣人皆孩之。

【译文】

得道的统治者总是没有自己的意志，而是以百姓的意志为自己的意志。

善用道者，我依道对待他；不善用道者，我也依道对待他；因为大德至善。

信守道者，我依道对待他；不信守道者，我也依道对待他；因为大德至信。

得道的统治者面对天下，收敛自己的意志，为了天下倾注自己全部的身心，倾听的都是百姓的声音，关注的都是百姓的事情，得道的统治者把百姓当做自己的孩子一样来对待。

| 道德经与企业治理 |

【解读】

本章讲"无为而治",重点是"圣人常无心,以百姓心为心"。

"圣人常无心,以百姓心为心。"得道的统治者上善若水,遇物赋形而不留于一,遇到天下,就是天下的形状,遇到百姓,就是百姓的形状,即"为天下浑其心",这是一种"无我"的大境界。

无为而治即依道治理天下。百姓并不都善于用道,有对道领悟较深的,有对道领悟较浅的,也有不相信道的,但得道的统治者都平等对待他们。善和不善,信和不信,在得道的统治者眼里是阴阳一体的,无法取舍,也不能取舍。老子说"下士闻道大笑之",总有一些人是不适合修道的,但他们仍然是统治者的百姓。统治者要做的是把每一个百姓都当做自己的孩子,遵从每一个人的本性,顺势而为,施以教化,这叫作"圣人常善救人,故无弃人;常善救物,故无弃物",也叫作"善人者,不善人之师;不善人者,善人之资",还叫作"圣人不仁,以百姓为刍狗"。这正是老子的三宝中的第一宝——"慈"。

"吾"在这里指代"圣人",即"得道的统治者"。

"歙"的意思是"收敛"。

本章中容易误解的地方有五个:

1. "善"的意思是"善于用道",容易误解为"善良"。
2. "信"的意思是"信守道",容易误解为"诚信"。

3. "吾善之"的意思是"我依道对待他"，容易误解为"我善待他"。

4. "吾信之"的意思是"我依道对待他"，容易误解为"我信任他"。

5. "为天下浑其心，百姓皆注其耳目，圣人皆孩之"的意思是"为了天下倾注自己全部的身心，倾听的都是百姓的声音，关注的都是百姓的事情，得道的统治者把百姓当做自己的孩子一样来对待"，容易误解为"使天下人的意念归于浑然一体，百姓都努力在听在看，圣人把他们都当成纯真的孩童"。

【企业治理】

一．领导者没心没脑。

卓越的领导者没心没脑，心为企业心，脑为企业脑，因此，卓越的领导者从不以个人意志绑架企业，而是以企业意志为最高意志。

当领导者以企业意志为个人意志的时候，企业是安全的，个人也是安全的；反之，当领导者把个人意志当做企业意志的时候，企业和个人都比较危险。某些领导者被捕入狱，某些领导者因为私人作风影响了企业声誉，等等，深挖下去的话，都是个人意志和企业意志的关系没有处理好。

二．极致的动态平衡。

拥有权力的领导者容易按照个人喜好行事。其实，任何事物都是阴阳一体的，好和坏本来就不可能绝对分开，所以，卓越的领导者善于"平衡"，不走极端。

动态的平衡不是权谋之术，而是持守道的表现，是领导者"以百姓心为心"，"为天下浑其心"，是自然而然的。如果不能深刻领悟核心竞争力和企业文化，不能深刻领悟领导者个人和企业之间的关系，不能深刻领悟企业的底层概念，领导者是无法做到"为天下浑其心"的，很容易误入权谋之徒。

第五十章

【原文】

出生入死。

生之徒，十有三；死之徒，十有三；人之生生，动之于死地，亦十有三。

夫何故？以其生生之厚。

盖闻善摄生者，陆行不遇兕（sì）虎，入军不被甲兵；兕无所投其角，虎无所用其爪（zhǎo），兵无所容其刃。

夫何故？以其无死地。

【译文】

跳出欲望的控制，则生；陷入欲望的控制，则死。

天下长寿的人占十分之三，早夭的人占十分之三，努力长寿反而过早死亡的也占十分之三。

这是什么缘故呢？是因为照顾生命太过度了。

听说善于治理生命的人，在路上行走，不去可能遇到犀牛和老虎的地方；参加军队，不去可能被兵器伤害到的地方；所以，犀牛用不上它的角，老虎用不上它的爪，兵器用不上它的刃。

这是什么缘故呢？因为善于治理生命的人从来不被欲望所绑

架，一直处于生地。

【解读】

本章讲"无为而治"，强调了"出生入死"。

为什么有的人强烈地追求长寿，却反而过早地走向死亡了呢？是因为他们被欲望所绑架（入），从而背离了道，一旦背离道，就会陷入死地。这样的例子在历史上实在多得很。

得道的统治者不被欲望绑架（出），"后其身而身先，外其身而身存"，"不失其所"，从来都是处在生地，根本就不存在死地，当然可以"天长地久"，"死而不亡"。

生命是可贵的，但如果为了生而生，把长生当做一个具体的追求，就会变成一种贪欲，一旦被欲望绑架，其实生命也就没什么意义了。对于得道的统治者来说，长生只不过是持守道的必然结果，而不是追求的目标，他所追求的是无为而治的大和谐，是万物的天长地久。也就是说，得道的统治者不被贪生的欲望所绑架，所以他处于生地，没有死地，即"以其无死地"。

"盖闻善摄生者，陆行不遇兕虎，入军不被甲兵；兕无所投其角，虎无所用其爪，兵无所容其刃。"因为得道的统治者持守道，无为而治理天下，无为而治理人生，不被欲望绑架，所以不会遇到危险，危险根本就没有机会伤害他。

这一章呼应了第四十四章"名与身孰亲？身与货孰多？得与亡孰病？甚爱必大费，多藏必厚亡。故知足不辱，知止不殆，可以长久"。

老子说了三个"三"，加起来是九，不够十，剩下的"一"是什么呢？老子向来主张"大成若缺，大盈若冲"，从来不把事做绝，不把话说满，所以只说九，留下一个"一"，就是留下了更多的可能性。

"徒"的意思是"同一类人"。

"生生"的意思是"照顾生命，奉养生命"。

"摄"的意思是"治理，管理"，"摄生"的意思是"治理生命，管理健康"。

"兕"是"犀牛"的古称。

"甲"是"古代军人打仗穿的护身衣服，用皮革或金属叶片制成"，"兵"指"兵器，武器"，"甲兵"的意思是"武器装备"。

本章中容易误解的地方有四个：

1. "出生入死"的意思是"跳出欲望的控制，则生；陷入欲望的控制，则死"，容易误解为"出世则生，入土则死"或"人生是从生命出发，走入死亡的"。

2. "陆行不遇兕虎"的意思是"在路上行走，不去可能遇到犀牛和老虎的地方"，容易误解为"在路上行走不会遇到犀牛和老虎"，莫非犀牛和老虎会专门躲着"善摄生者"走吗？莫名其妙。

3. "入军不被甲兵"的意思是"参加军队，不去可能被兵器伤害到的地方"，容易误解为"在战争中不会被兵器所伤"，莫非打仗的时候敌人会专门躲着"善摄生者"走吗？莫名其妙。

4. "以其无死地"的意思是"因为他从来不被欲望所绑架，一直处于生地"，容易误解为"因为他没有致命的要害"，善于照顾生命就没有致命的要害了吗？莫名其妙。

【企业治理】

当企业被欲望绑架后，企业的命运便由不得自己了。嗜战的领导者为了享受胜利的快感，疯狂地发动对竞争者的正面战争，结果损人不利己。信仰机会主义的领导者，不停地追逐各种不利于企业的赚钱机会，反而把企业推向了危险之地。过度信仰技术的领导者，把企业资源大量投入技术研发，而忽视了营销和管理，使企业走得异常艰难。过度信仰营销的领导者，不愿意投身于基础建设，追求一夜暴富，企业走不了几步就摔了跟头。这些花样"入死"，都会对企业造成无法估量的长远危害。

所以，卓越的领导者无心，以企业心为心。不过，能把个人意志和企业意志区分开是很难的事，最有效的办法是——以静制动，以不变应万变，坚定不移地持守核心竞争力，合此道者就做，不合此道者坚决不做。不失其所，便无死地，这叫作"出生而不入死"。

卓越的领导者去甚，去奢，去泰，善于打造真正意义上的"和谐企业"，不会有过度和偏激的行为，这样的企业才会根深叶茂，基业长青。

第五十一章

【原文】

道生之，德畜之，物形之，势成之。

是以万物莫不尊道而贵德。

道之尊，德之贵，夫莫之命而常自然。

故道生之，德畜之；长之育之；亭之毒之；养之覆之。

生而不有，为而不恃，长而不宰，是谓玄德。

【译文】

道创生万物，德畜养万物，万物呈现出具体形态，时机使万物完成。

所以，万物没有不尊崇道而推崇德的。

道受到尊崇，德受到推崇，是因为不需要任何人指使，道和德本来就是这样的。

所以，道创生万物，德畜养万物；引导万物作育万物；安定万物成熟万物；滋养万物保护万物。

道创生万物而不据为己有，养育万物而不仗恃己力，引导万物而不加以主宰，这就是神奇的德。

【解读】

本章描述了道的"玄德"品性。

"道生之,德畜之,物形之,势成之"是宇宙万物生成的四个阶段,四个阶段是由虚到实,从无到有,从抽象到具象的递进关系。

万物从产生,到拥有本性禀赋,到有了具体形状,最后成为具体的实有,决定其最后临门一脚的是时机。例如花,决定其最后能否成为"花"这个具体的物的,是"温度、湿度、光照、营养"等综合而成的时机,时机成熟它就开花,就成了,时机不成熟它就不会开花,甚至夭亡,这就是"势成之"。

需要注意的是,"道生之,德畜之,物形之,势成之"是对"道生之"的进一步分解,实际上这四个阶段都是"道生之",即所有的一切,最终还是要归结到"道体"和"道用",也就是"生而不有,为而不恃,长而不宰",也就是"玄德"。所以万物尊贵"道和德",而不是尊贵"物和势",即"万物莫不尊道而贵德"。

"亭"的意思是"安定"。

"毒"的意思是"成熟"。

"覆"的意思是"保护"。

本章中容易误解的地方有一个:

"势"的意思是"时机",容易误解为"环境"。如果把"势"理解为"环境",那么,"道、德、物"是不是环境?如果是,那么凭什么只说"势"是环境？如果不是，那么凭什么"势"是环境，"道、德、物"就不是环境了？令人费解。

还有人把"势成之"改为"器成之"，更是错得离谱。因为，如果改成"器成之"，则无法解释"物"和"器"之间的区别，也就无法解释"物形之"和"器成之"之间的区别，导致译解含混不清，比如有人把"物形之，器成之"译解为"由物质来赋形，由具象来完成"，什么叫"由物质来赋形"？"物质"又是怎么来的？含混不清。

【企业治理】

一．底层逻辑要清晰。

"道生之，德畜之，物形之，势成之"是一切企业行为的逻辑顺序，颠覆不得。例如产品，由核心竞争力创生，由企业文化畜养，由生产线成形，由市场时机交付。一旦背离了这个逻辑顺序，产品就会遭遇危险。

有些人会说"产品应该由市场需求创生"。没错，但也错了。因为"符合市场需求"本来就是核心竞争力的品性之一。如果脱离核心竞争力而盲目地迎合市场需求，企业就会走向机会主义，是很危险的。

二．机不可失，失不再来。

企业是由故事组成的，而企业故事中占比最重的，也是最被人们所津津乐道的，是领导者把握时机的精彩瞬间。如战争期间，某某企业抓住机会一举成名；如第一个吃螃蟹的死了，第二个吃螃蟹的成功了；如某某企业在疫情期间成功崛起，等等。这些事例都是把握时机的绝佳案例。

把握时机的能力，实际上是领导者道行深浅的直接体现，悟道越深，把握时机的能力越强。

第五十二章

【原文】

天下有始，以为天下母。

既得其母，以知其子；既知其子，复守其母。没（mò）身不殆。

塞（sè）其兑，闭其门，终身不勤。

开其兑，济（jì）其事，终身不救。

见小曰明，守柔曰强。

用其光，复归其明，无遗身殃；是为袭常。

【译文】

天下万物有一个元始，就把祂叫作万物的母体。

已经了解了母体，就能以此了解孩子了；已经了解了孩子，还要持守着母体。永远都不会遭遇危险。

堵塞出口，关闭门径（守其母，无为），道的作用永远不会穷竭。

打开出口，帮助万物（知其子，无不为），道的作用永远不会停止。

能够"知其子"，叫作通明；能够"守其母"，叫作强大。

运用万物的光亮，再返回母体的通明，就不会给自己带来灾殃；这叫作承袭恒久的道。

| 道德经与企业治理 |

【解读】

本章讲"无为而治",强调了"本末兼顾,动态平衡"。

"舍本逐末"是一种常见病。人们之所以会舍本逐末,是因为欲望作祟。其实在老子的思想里,能不能得道,关键在于对欲望的治理,欲望越强离道越远,离道越远就越危险。"既知其子,复守其母。没身不殆",面对缤纷复杂的诱惑,还能持守道,这样的人一辈子都不会有大麻烦。

其实,"崇本抑末"也是一种病。持守道却不作为,仍然是背离了道,因为道无为而无不为,道不仅创生万物,还要育养万物,叫作"道生之,德畜之",因此,要"既得其母,以知其子",这样做的结果依然是"没身不殆"。

"塞其兑,闭其门","守其母",无为;"开其兑,济其事","知其子",无不为。"守母"和"知子"都做到了,才算是真的悟道,才是真的领悟了"无为而治"的妙用。

"见小曰明"的"小"特指"子",也就是"万物"。"守柔曰强"的"柔"特指"母",也就是"道"。"既知其子,复守其母"才是真正的"通明"和"强大"。

"用其光,复归其明,无遗身殃"与"既知其子,复守其母,没身不殆"相呼应。"光"是光亮,代指"万物",也就是"子",是"开其兑,济其事"后的事,是外在;"明"是通明,代指"道",也就是"母",是"塞其兑,闭其门"后的事,是内在。

本章的中心点是"既知其子,复守其母",强调的是"无为"

和"无不为"之间的阴阳冲合。只有无不为而没有无为，说明没有领悟道；只有无为而没有无不为，仍然是没有领悟道。只有无为和无不为合和化一，才是真正的得道。

"不勤"的意思是"不用劳作"，引申为"道的作用永不穷竭"。

"不救"的意思是"不用别人救助"，引申为"道的作用永不停止"。

"遗"的意思是"加给，带来"。

本章中容易误解的地方有一个：

"塞其兑，闭其门，终身不勤。开其兑，济其事，终身不救"的意译是"堵塞出口，关闭门径（守其母，无为），道的作用永远不会穷竭。打开出口，帮助万物（知其子，无不为），道的作用永远不会停止"。其中，"不勤"的意思是"不用劳作"，也就是"无为"（所以"不用劳作"），引申为"道的作用永不穷竭"；"不救"的意思是"不用别人救助"，也就是"无不为"（所以"不用别人救助"），引申为"道的作用永不停止"。

如果理解上稍有偏差，便很容易把这两句话和上下文割裂开来。如，流行的翻译"塞住感官的出口，关上欲望的门径，终身都没有劳扰的事。打开感官的出口，增添纷杂的事件，终身都不可救治"就同上下文完全割裂了。上文讲道和万物，下文也讲道和万物，中间突然插入两句个人修身养性的话，显然在逻辑上讲不通。所以有人认为这两句话不应该放在本章，是曲解了本章的意思。

【企业治理】

一．平衡是个大法门。

"舍本逐末"和"崇本抑末"是企业中常犯的两大错误。卓越的领导者善于平衡企业万有与核心竞争力的关系，既懂得"见小曰明"，通过企业的各种行为返观内照核心竞争力；也懂得"守柔曰强"，持守核心竞争力，并繁荣企业之万有，从而能做到"既知其子，复守其母"。

"平衡"是企业治理的法门。枝叶过于繁茂，而根基过于轻浅，这种企业叫作"草企"，很容易死掉。根基深重，而枝叶凋零，这种企业叫作"暮企"，也活不久。只有根深叶茂的企业才能基业长青。

二．能量巨大的柔。

"守柔曰强"的"柔"不是一般的柔，而是能量巨大的柔。比如水，至柔，但水的力量绝不是小小的强大，而是具有摧枯拉朽的超强能量。卓越的领导者善于守柔，但绝不会失去君临天下的王霸之气，这叫作"内圣外王"。领袖级企业傲视群雄、所向披靡的态势正是"柔"的强大所致。

拙劣的领导者因为不能真正领悟道，所以惯于走极端，或者"勇于敢则杀"，或者"柔而不强"，不懂平衡的妙用。

第五十三章

【原文】

使我介然有知，行于大道，唯施（yí）是畏。

大道甚夷，而人好（hào）径。

朝甚除，田甚芜，仓甚虚；服文彩，带利剑，厌饮食，财货有余。是谓盗夸。

非道也哉！

【译文】

假使我稍微有所认识，就会顺着大道走下去，唯一担心的是误入歧途。

大道很平坦，可是统治者却喜欢抄小道。

朝廷很腐败，农田很荒芜，仓库很空虚；但统治者仍然穿着华彩的衣服，佩戴着锋利的宝剑，饱餐精美的饮食，搜刮用不完的财货。这叫作强盗头子。

根本不是正途啊！

【解读】

本章描述了当时的"天下乱象"。

统治者横征暴敛，穷奢极欲，致使国家动荡，民不聊生。看到这样的乱象，老子很痛心，说这叫不走正道（"非道也哉"），怒骂统治者简直就是强盗头子（"是谓盗夸"）。

"介然"的意思是"微小"，这里翻译为"稍微"。

"施"通"迤"，意思是"曲折，斜行"。

"夷"的意思是"平，平坦"。

"径"指的是"小路"。

"朝甚除"的"除"意为"腐败"。

"厌饮食"的意思是"精美食物吃得太饱了，都不想再吃了"。

【企业治理】

一．谨防蛀虫型领导者。

1. 领导者穷奢极欲，而企业却入不敷出，甚至因为领导者个人而掏空企业，这样的事例并不鲜见。卓越的领导者总是把企业的意志当做自己的意志，为股东、员工、消费者、社会负责，绝不做企业的蛀虫。

2. 卓越的领导者不会把个人享受看得太重，因为他有更大的格局和理想，他关注的是企业的大未来，是天下人的福祉，他是得道的人。

二．走大道，别抄小道。

1. 格局和成就是成正比的，喜欢走捷径的领导者做不出领袖级企业。

2. 想成就造福人类的大企业，就一定要占据行业的主流位置，包括文化、技术、产品、渠道、媒体资源等。偏安一隅成不了大国，捧着一块小蛋糕做不成大企业。

第五十四章

善建者不拔，善抱者不脱，子孙以祭祀不辍。

修之于身，其德乃真；修之于家，其德乃余；修之于乡，其德乃长（cháng）；修之于国，其德乃丰；修之于天下，其德乃普。

故以身观身，以家观家，以乡观乡，以国观国，以天下观天下。

吾何以知天下然哉？以此。

【译文】

善于营建的人，其所营建不会被拔除；善于抱持的人，其所抱持不会脱落；能够做到"善建"和"善抱"，子孙后代就可以永远享受祭祀。

把"善建"和"善抱"的道理用于自身，德行就会真实；用于家庭，德行就会有余；用于乡里，德行就会长久；用于国，德行就会丰盈；用于天下，德行就会普遍。

所以，以"善建"和"善抱"的道理作为修身的标准，并以此观照人；以"善建"和"善抱"的道理作为持家的标准，并以此观照家庭；以"善建"和"善抱"的道理作为治理乡里的标准，并以此观照乡里；以"善建"和"善抱"的道理作为治国的标准，并以此观照国；以"善建"和"善抱"的道理作为治理天下的标准，并以此观照天下。

我是怎么知道天下的真实情况的呢？就是用这种方法。

【解读】

本章讲"无为而治"，阐述了"判断天下是否达到了无为而治的标准"。

老子在本章给我们确立了一个观照"人、家、乡、国、天下"的标准，有了这个标准，我们就知道怎样去判断这五个层面的事物是不是符合道，是不是达到了无为而治的境界。

"善建者不拔"的字面意思是"善于营建的，他营建的东西不能够被拔除"，老子的意思显然不是指这种表象的东西，因为老子的胸怀是无为而治的天下，因此，这里的"善建"指的是"善于修道"。"善建者不拔"，即"善于修道的人所营建的道根是无法被拔除的。"同理，"善抱者不脱"，即"善于修道的人所抱持的德（道之用）是不会脱落的。"

把握了"善建者不拔"和"善抱者不脱"这两个原则和标准，不管是用于自身修养，还是用于家、乡、国、天下的治理，都会德行圆满。

关于"子孙以祭祀不辍"一句，很多人觉得费解。其实这一章的内容，老子仍然是针对统治者说的，"子孙以祭祀不辍"说的还是统治者只要施行无为而治，就"无死地"，"可以长久"，"长生久视"的道理。

"辍"的意思是"中止，停止"。

本章中容易误解的地方有一个：

"故以身观身，以家观家，以乡观乡，以国观国，以天下观天下"的意思是"所以，以善建和善抱的道理作为修身的标准，并以此观照人；以善建和善抱的道理作为持家的标准，并以此观照家庭；以善建和善抱的道理作为治理乡里的标准，并以此观照乡里；以善建和善抱的道理作为治国的标准，并以此观照国；以善建和善抱的道理作为治理天下的标准，并以此观照天下"，容易误解为"从我自身去观察别人，从我的家庭去观察别的家庭，从我的乡里去观察别的乡里，从我的国去观察别的国，从我的天下去观察别的天下"。其实这种误解很容易被识破，比如"从我的天下去观察别的天下"，哪里来的那么多"天下"？怎么可能人人都有一个天下？这是很明显的误解。

【企业治理】

一．不拔，不脱。

树活千年是因为根深，水流千里是因为源远，一个企业能够基业长青是因为道行深厚。核心竞争力够强大，企业就"不拔"；企业文化够精深，企业就"不脱"。卓越的领导者以此作为营建企业的法则，所以胸有成竹。

一旦背离了这一原则，企业就处于风雨飘摇之中，朝不保夕，命运多舛。

企业的复杂性在于企业不仅有领导者一个人，还有众多的团队成员，也不只有一件事情，而是有数不清的事情，因此，对于核心竞争力和企业文化的营建就显得很复杂了，要想做到"不拔、不脱"的境地就更难了。因此，卓越的领导者会对核心竞争力和企业文化的营建施以非常多的重视。

营建核心竞争力和企业文化是一项庞大而系统的工程，无论把它想得多么艰难都不为过。

二.营建核心竞争力的要点有四个：

1. 精准地规定核心竞争力的范畴，绝对不能把核心竞争力泛化。任何一个企业的核心竞争力必须是在其关键创始人所赋予企业的核心精神的基础上演化而来的，一旦脱离这一基础去谈核心竞争力，必将走向核心竞争力泛化的陷阱。

2. 核心竞争力和企业文化必须形成"体用"关系。这是比上一步更难的一步。如果不能把握这一关键，就会出现核心竞争力和企业文化油水两张皮的状况，最终必将导致核心竞争力和企业文化都无从发挥作用的尴尬局面。

3. 核心竞争力必须通过企业文化统合企业万有。如果企业万有与核心竞争力不发生关系，就意味着企业丧失了核心竞争力。如果企业中有一部分行为脱离了核心竞争力，就说明企业正在丧失核心竞争力的过程中，此时，领导者应及时警醒，并迅速拿出修补方案。

4. 核心竞争力是动态的，是不断积累和进化的。核心竞争力与企业万有之间就像大海与河流的关系一样，是相互成就的关系，是螺旋式上升的态势。一旦核心竞争力僵死，企业也就很难长远了。

三．营建企业文化的要点也有四个：

1. 企业文化必须基于核心竞争力而来，也就是基于关键创始人所赋予企业的核心精神而来。凭空想象出来的企业文化是毫无价值的。

2. 必须建立企业文化的学习和实践机制。企业文化绝对不是停留在纸面上的，而是根植于每一个员工的心里的，渗透进企业的每一个行为之中的，这有赖于持续而有效的企业文化学习和实践机制。企业文化的学习和实践机制包括学习、实践、监督和反馈三大部分。

3. 企业文化通过产品向外表达。有生命力和竞争力的产品一定是有灵魂的，而产品的灵魂正是企业文化。因此，处理好企业文化和产品之间的关系，是企业文化营建中至关重要的一个版块。

4. 品牌文化和企业文化是一回事。品牌文化不是一个商标名称加一句广告语，更不是一个产品卖点，也不是主观臆想的某种风格或想象，实际上，品牌文化就是企业文化。这里的品牌文化包括主品牌文化和子品牌文化，品牌文化只不过是企业文化在品牌层面的市场化演绎而已。这一点极其难以理解，但又极其重要，不能正确理解企业文化与品牌文化之间的关系，是绝大部分品牌没有文化的根源所在。因此，处理好企业文化和品牌文化之间的关系，是企业文化营建中又一个至关重要的版块。只有真正理解了品牌文化与企业文化之间的关系，也就是真正理解了品牌文化与核心竞争力之间的关系，品牌文化才能释放其无穷的竞争潜能。

第五十五章

【原文】

含德之厚，比于赤子。

毒虫不螫（shì），猛兽不据，攫（jué）鸟不搏。

骨弱筋柔而握固，未知牝牡之合而朘（zuī）作，精之至也。

终日号而不嗄（shà），和之至也。

知和曰常，知常曰明。

益生曰祥，心使气曰强。

物壮则老，谓之不道，不道早已。

【译文】

道德涵养浑厚的人，就像初生的婴儿一样。

毒虫不叮刺他，猛兽不抓咬他，猛禽不扑击他。

赤子筋骨柔弱，可是拳头却握得很紧；还不知道男女交合之事，可是小生殖器却能够自动勃起。这是专注到极致的缘故。

他整天哭喊，喉咙却不会嘶哑，这是和谐到极致的缘故。

领悟了和，就是领悟了恒久的道；领悟了恒久的道，就叫作通明。

过度照顾生命，就会破坏身体的和谐，叫作灾殃；信念操纵体力，就会破坏专注，叫作逞强。

事物过度强硬了就会老死，过度强硬叫作不合乎道，不合乎道就会过早结束。

【解读】

本章讲"无为而治"，告诫统治者要重视"精"和"和"。

赤子无知无欲，因而专注到了极致，所以虽然不知道男女之事，但他的小生殖器却可以自动勃起；阴阳俱足，因而和谐到了极致，所以虽然整天哭喊，但他的嗓子却不会嘶哑。"极致的专注"和"极致的和谐"是得道之人的表现，这叫作"含德之厚，比于赤子"。

人一旦有了欲求，就会破坏专注和和谐，就会招致灾殃，即"益生曰祥"，"心使气曰强"。

"物壮则老"为什么是"不道"呢？因为没有做到"返回"，没有返回，就会走向极端，就是破坏了"和"，则"其致也，万物无以生，将恐灭"。"物壮则老"中的"壮"和"心使气曰强"中的"强"是一个意思，都是"逞强，暴强"的意思。得道之人，始终遵循阴阳互化的原理，善于返回，善于"知和，知常"，从而生生不息，"周行而不殆"。

老子是借助赤子和成人之间的对比，来教导统治者"物壮则老，谓之不道，不道早已"的道理，当然，还是希望统治者能够领悟道、持守道、践行道。

"毒虫不螫，猛兽不据，攫鸟不搏"令人费解。据笔者的经验，刚出生的婴儿是会被蚊虫叮咬的，至于猛兽猛禽会不会攻击婴儿，没听说过这方面的有效验证，不敢妄下断言。老子的意思可能是：道全德足的人像赤子一样，没有伤物之心，所以物也不会伤害他。

"赤子"指的是"刚出生头几天，黄疸还没上来之前的婴儿"。

"蜇"指"有毒腺的虫子刺人或动物"。

"据"的意思是"占有，据为己有"，这里引申为"动物用爪抓取食物"。

"攫鸟"指用爪抓取食物的鸟。

"搏"的意思是"捕捉"。

"朘"指"男孩的生殖器"，"朘作"指"男孩的生殖器勃起"。

"嗄"的意思是"嗓音嘶哑"。

"祥"在这里特指"凶兆"。

"不道"的意思是"不合乎道"。

本章中容易误解的地方有两个：

1. "精"的意思是"专注"，指完全没有被打扰，心神合一，容易误解为"精气充足"。

2. "和"的意思是"和谐"，指阴阳俱足且平衡，容易误解为"和气，元气"。

【企业治理】

一．极致的专注。

多就是少，少就是多。卓越的领导者永远持守核心竞争力，使企业保持极致的专注，凡是符合核心竞争力的就做，不符合的就不做。保持极致专注的企业，反而能获得更大的市场和更长久的利益。

极致的专注不等于只干一件事，而是只干符合核心竞争力的事。当然，这是一个复杂的命题，因为核心竞争力是动态的，不是一成不变的，是不是符合核心竞争力也就成了一个动态的命题，因此，精准地把握这一命题并不是容易的事。

二．极致的和谐。

1. 企业与社会之间的和谐。这是卓越的领导者最看重的。企业的存在是为了增加人类的福祉，只有企业和社会之间保持极致的和谐，企业的存在才具有终极的意义。

2. 企业与市场之间的和谐。卓越的领导者善于使企业与市场之间心意相通，从而保证企业所做乃市场所需，市场所需再反哺企业，形成良性循环。其实，企业和市场是阴阳一体的互生互化关系，阴阳冲和才能长久。

3. 企业内部的和谐。企业管理的本质是"实现企业资源效用的最大化"，而达到这一目的的最佳途径是保持企业内部的极致和谐，也就是施行无为而治。

第五十六章

【原文】

知者不言，言者不知。

塞其兑，闭其门，挫其锐，解其纷，和其光，同其尘，是谓玄同。

故不可得而亲，不可得而疏；不可得而利，不可得而害；不可得而贵，不可得而贱。

故为天下贵。

【译文】

真正领悟道的统治者不随便发号施令，随便发号施令的统治者并没有真正领悟道。

堵塞出口，关闭门径，收敛锐气，排除纷杂，调和光芒，混同尘垢，这就是得道的统治者与天下混同的神奇境界。

得道的统治者与天下混同，人们无从与他亲近，也无从与他疏远；无从使他得利，也无从使他受害；无从使他高贵，也无从使他卑贱。

因此，这样的人才有资格成为天下的统治者。

【解读】

本章讲"无为而治",重点是"玄同"。

得道的统治者"行不言之教,处无为之事",那些政令满天飞的统治者,其实并没有领悟道。

得道的统治者已经达到了"与天下合一"的神奇境界,他道法自然,无为而治,"为天下浑其心","百姓皆注其耳目,圣人皆孩之",当然没有"亲疏、利害、贵贱"这样的分别心了,"善者,吾善之;不善者,吾亦善之。信者,吾信之;不信者,吾亦信之",这样的人才有资格成为天下的统治者。

"塞其兑,闭其门"在第五十二章中也有出现,意思是"致虚极,守静笃","守其母"。"挫其锐,解其纷,和其光,同其尘"在第四章中也有出现,意思是"为天下浑其心"。做到了这两点,就是达到了与天下"玄同"的境界。

本章中容易误解的地方有一个:

"知者不言,言者不知"的意思是"真正领悟道的统治者不随便发号施令,随便发号施令的统治者并没有真正领悟道"。其中,"知"的意思是"领悟道","言"的意思是"发号施令"。"知者不言,言者不知"容易误解为"了解的,不谈论;谈论的,不了解"或"有智慧的人不多说话;多说话的人没有智慧"。

因为本章讲的是"无为而治",主体是"得道的统治者",因此,"知者不言,言者不知"必然要站在得道的统治者的角度来理解。

如果把"知者不言，言者不知"译解为"了解的，不谈论；谈论的，不了解"，大家都不敢说话了，一说话人家就说你这个人不了解，没智慧，人与人之间还怎么交流呢？师者还怎么传道授业解惑呢？人类创造的思想和文化又怎么得以延续呢？语言存在的意义又是什么呢？悟道的意义又是什么呢？显然这样的译解是不合逻辑的。

【企业治理】

一．外行领导内行是很吓人的。

保持核心竞争力与企业万有之间的和谐，其中很重要的是保证"力的无损流动"，要求发令者和执行者保持同频共振。外行的领导者无法精准地领悟核心竞争力，也就无法无损地传递核心竞争力的能量，从而容易造成执行偏移。

长久以来，人们对"外行领导内行"多有误解，以为"外行领导"说的是"不懂专业的领导"，其实"外行领导"指的是"不懂领导的领导"。在企业里，最重要的专业是"领导"，领导者决定着企业的生死存亡。

二．和领导谈亲疏、利害、贵贱是对领导的侮辱。

卓越的领导者"以企业心为心"，只有企业利益，没有"亲疏、利害、贵贱"的区别心。如果和领导者谈"亲疏、利害、贵贱"，就等于在说"这个领导不合格，没有领悟道"。

三．对内管理。

1. "和光同尘"是卓越领导者的必备品性。一个成功的企业必定是上下同心、共荣共生的利益共同体。卓越的领导者深谙"为天下浑其心"的道理，从而总是把自己放到团队中去。而拙劣的领导者则会将自己放到团队局外人的位置上，从而导致管理层和执行层同床异梦，进而对企业能量造成极大的消耗。

2. 企业是由众多的部门和人员构成的，每个部门和每个人均有其独特性，有的锐利，有的光芒万丈，有的落魄，甚至有的失败，保持企业内部的"生态平衡"需要极大的智慧，"挫其锐，解其纷，和其光，同其尘"中正好蕴含着这种智慧。

四．对外营销。

1. 企业惯于将"团队"这个概念放到内部，其实企业和消费者之间也是一个有机的利益共同体，是完整的团队，因此，和光同尘的智慧也要应用到市场管理中去。品牌是水，消费者是土，只有把水融入土里，达到你中有我、我中有你的和谐状态，才是长治久安之道。

2. 对消费者的管理和对内部团队的管理一样难，甚至更难，因此，管理消费者需要更高的智慧，"挫其锐，解其纷，和其光，同其尘"中同样蕴藏着管理消费者的密码。

五．核心竞争力才是焦点。

领导者必须明白"和光同尘的是道，道才是领导者要关注的第一焦点"，别忘了，企业的道是核心竞争力，德是企业文化，道和德外化为品牌，这才是"挫其锐，解其纷，和其光，同其尘"的法，卓越的领导者懂得法和道之间的互化互生之奥妙。

第五十七章

【原文】

以正治国，以奇用兵，以无事取天下。

吾何以知其然哉？以此：

天下多忌讳，而民弥贫；人多利器，国家滋昏；人多伎（jì）巧，奇物滋起；法令滋彰，盗贼多有。

故圣人云：我无为，而民自化；我好（hào）静，而民自正；我无事，而民自富；我无欲，而民自朴。

【译文】

以光明正大的方式治理国家，以出奇制胜的方式用兵打仗，以无为而治的方式取得天下。

我是怎么知道这些的呢？根据以下事实：

天下的禁忌顾虑越多，人民就越贫穷；人民的心机智巧越多，国家就越混乱；人民的奇技异巧越多，怪事就越多；法令礼制越多，盗贼就越多。

所以得道的统治者说：我无所作为，人民则自行发展；我不躁动，人民则正常生活；我不干涉，人民则自然富足；我没有控制人民的欲望，人民则自然淳朴。

| 道德经与企业治理 |

【解读】

本章讲"无为而治"。其中"以正治国，以奇用兵"是《道德经》中的名言之一。

"国"指的是"诸侯国"。周建朝后，周天子将土地和人民分封给一些先古圣王的后裔、王族、功臣和贵族，让他们建立自己的领地，以拱卫王室，即为诸侯国。这些诸侯国也是后来很多姓氏的源头。

"以正治国"指以光明正大的方式治理国家，是"阳谋"；"以奇用兵"指以出奇制胜的方式用兵打仗，是"阴谋"。孤阴不生，独阳不长，只有阳谋与阴谋相冲和，才能做到"以无事取天下"。阳谋和阴谋都是道法自然，都是依道而行，并不背离道，都在无为而治的范畴之内。以正治国是遵循了国家运行的本然而为，以奇用兵是遵循了军事战争的本然而为。

阳谋和阴谋互化互生了，也就做到了以无事取天下。以无事取天下不是什么都不做，而是道法自然，无为而治，不强加干涉，不强加控制，也就是"无为，好静，无事，无欲"。

老子是怎么领悟到这些道理的呢？他说是从天下的一些现象中领悟到的，也就是"天下多忌讳，而民弥贫；人多利器，国家滋昏；人多伎巧，奇物滋起；法令滋彰，盗贼多有"，这些现象和第三十九章中所说的"其致之也，天无以清，将恐裂；地无以宁，将恐废；神无以灵，将恐歇；谷无以盈，将恐竭；万物无以生，将恐灭；侯王无以正，将恐蹶"是一回事，指的是忘记了"反者道之动"的道理，把劲用过头了，就出现了不好的局面。因此，老子劝诫统治者持守道，回归无为而治，这样才能使天下和谐安定，即"我无为，而民自化；我好静，而民自正；我无事，而民自富；我无欲，而民自朴"。

老子一向主张"慎战"，一再劝诫统治者不要轻举战事，但并不等于老子完全拒绝军事战争。老子在第三十一章中说"不得已而用之，恬淡为上"，就是说到了万不得已的地步，仗该打还得打，只不过不要为了打仗而打仗，不要嗜战。我们可以肯定地说老子是"反战"的，但老子不是罔顾现实的幻想家，而是致力于解决现实问题的圣人，学习《道德经》时必须认清这个事实。

近现代流行的"自由，民主，平等，博爱"的理念和"我无为，而民自化；我好静，而民自正；我无事，而民自富；我无欲，而民自朴"的无为而治的思想非常相似，都是希望给予人民足够的尊重和自由，都希望给予人民绽放自我的足够空间。对无为而治思想最成功的实践是"市场经济"，全世界都已经看到了市场经济的威力：人类在最近两百年间所创造的价值远超过去几千年所创造价值的总和。

"忌讳"指"禁忌，避讳"。
"利器"的意思是"锐利的武器"，这里指"心机智巧"。
"滋"的意思是"增加，加多，更"。
"伎巧"指"奇技异巧"。
"奇物"的意思是"怪事"，指的是"不符合常理的事"。

【企业治理】

一．以正治企。

不忘人类之福祉，恪守为商之道，恪守公平和正义，以光明正大的方式治理企业。不猥琐，不邪盗，不违法。

二．以奇竞争。

不忘竞争之残酷，遵循竞争之诡道，以出奇制胜的方式参与市场竞争。慈，俭，不争。

第五十八章

【原文】

其政闷（mèn）闷，其民淳淳；其政察察，其民缺缺。

祸兮，福之所倚；福兮，祸之所伏。

孰知其极？其无正也。正复为奇，善复为妖。

人之迷，其日固久。

是以圣人方而不割，廉而不刿（guì），直而不肆，光而不耀。

【译文】

政治宽厚温和，人民就淳朴安分；政治严厉苛刻，人民就狡诈抱怨。

灾祸啊，幸福紧靠着它；幸福啊，灾祸潜藏在它里面。

谁知道这究竟是怎么回事呢？它没有一个看得见的规范。正大光明的会再变为阴暗诡异的，正常的会再变为反常的。

没有得道的统治者的迷惑，已经很久了。

所以，得道的统治者方正而不生硬，锐利而不伤人，直率而不放肆，光亮而不耀眼。

【解读】

本章讲"无为而治"，强调了"反者道之动"。其中"祸兮，福之所倚；福兮，祸之所伏"是《道德经》中的名言之一。

对于"反者道之动"的奥妙，常人是难以领悟的，所以一般的统治者会迷惑于"正复为奇，善复为妖"，因为没有领悟道，他就只能迷惑下去了，即"人之迷，其日固久"。得道的统治者自然明白"反者道之动"的奥妙，他不会限于一极而失去"反"的机会，进而保持阴阳之间的和谐平衡，所以"圣人方而不割，廉而不刿，直而不肆，光而不耀"。

"正复为奇，善复为妖"是在呼应"其政闷闷，其民淳淳；其政察察，其民缺缺"，说的是天下并不总是保持固有的状态，而是随着统治者的变化而变化，政治清明时天下就"正，善"，政治昏暗时天下就"奇，妖"。

"闷闷"的意思是"静默，不出声"，这里引申为"宽厚温和"。

"淳淳"的意思是"淳厚，朴实"。

"察察"的意思是"观察仔细，精明"，这里引申为"严厉苛刻"。

"缺缺"的意思是"疏薄伪诈的样子"。

"极"的意思是"尽头，究竟"。

"割"的意思是"割伤"，这里引申为"生硬"。

"廉"的意思是"有棱角，锐利"。

"刿"的意思是"刺伤，割开"。

"肆"的意思是"放纵，肆无忌惮。"

"耀"的意思是"显扬，耀眼"。

本章中容易误解的地方有三个：

1. "正复为奇"的意思是"正大光明的会再变为阴暗诡异的"，其中"正"是"显而易见，光明正大"的意思，和"以正治国"及"其无正也"中的"正"是一个意思；"奇"是"隐藏的，不容易看见的"的意思，和"以奇用兵"中的"奇"是一个意思。"正复为奇"容易误解为"正常会再变为反常"。

2. "善复为妖"的意思是"正常的会再变为反常的"，其中"善"是"善于用道"的意思，引申为"正常情况"；"妖"是"反常"的意思，代指"一切反常怪异的现象"。"善复为妖"容易误解为"善良会再变为邪恶"。

3. "人之迷"指的是"没有得道的统治者的迷惑"，其中的"人"特指"没有得道的统治者"，因为他没有得道，不懂得无为而治，所以搞不清楚为什么会"正复为奇，善复为妖"。本章中，老子拿得道的统治者和没有得道的统治者进行了对比，"人之迷"一句与"其政察察，其民缺缺"相呼应。"人之迷"容易误解为"人们的迷惑"。

【企业治理】

一．上不治，下自乱。

当企业出现混乱的时候，领导者往往第一时间责怪团队，而卓

越的领导者知道"其政闷闷，其民淳淳；其政察察，其民缺缺"的
道理，所以第一时间审视企业治理，看企业治理是否背离了核心竞
争力这个道。

二．正复为奇，善复为妖。

一切都是动态的。正大光明和阴暗诡异、正常和反常之间会互
相转化。今天还是一片繁荣，明天就可能困难重重；今天还是一团
和气，明天就可能捅刀子。

无为而治不是一劳永逸的，而是"周行而不殆"的。那些以为
营建了一个好的治理模式就可以高枕无忧的领导者，早晚会吃苦头
的。卓越的领导者"豫兮其若冬涉川，犹兮其若畏四邻，俨兮其若
客"，如履薄冰，如临深渊，时刻警惕着。

五十九章

【原文】

治人事天，莫若啬（sè）。

夫唯啬，是谓早服。

早服谓之重（zhòng）积德。

重积德则无不克；无不克则莫知其极；莫知其极，可以有国；有国之母，可以长久。

是谓深根固柢（dǐ），长生久视之道。

【译文】

治理人民，践行道，没有比发展农业更重要的了。

因为发展农业，叫作头等大事。

做好头等大事是很大的德行。

德行很大（发展农业），就没有克服不了的问题；什么问题都能克服，就无法知道他的极限；不知道他的极限，他就可以以此取得天下了；掌握了治理国家的根本，天下就可以长治久安了。

这叫作加深根基，稳固基础，这才是国家长远发展的正确道路。

【解读】

本章讲"无为而治"，强调了"发展农业的重要性"。

对于人民来说，活着是第一位的，只有活着才有其他的一切可能，而能保证人民活下去的，最重要的当属"粮食"，也就是"吃饱饭"。所以老子把发展农业称为治理天下的头等大事，即"治人事天，莫若啬"，说只有重视发展农业，国家的根基才能稳固，即"是谓深根固柢，长生久视之道"。

春秋时期，战乱频发，天下动荡，而统治者"服文彩，带利剑，厌饮食，财货有余"，致使"朝甚除，田甚芜，仓甚虚"，人民饥寒交迫，苦不堪言。因此，老子劝诫统治者要把农业放在第一位，服田力穑，让人民能吃饱饭，给人民一条活路，即"治人事天，莫若啬"，这叫作"生之畜之，长之育之，亭之毒之，养之覆之"。

"夫唯啬，是谓早服；早服谓之重积德。"因为发展农业是头等大事，所以发展农业是最大的德行。老子悲天悯人，当然会痛心人民的疾苦。整部《道德经》中，老子只在这里使用了"重积德"这么重的表述，可见老子对人民的温饱是非常重视的，同时，老子的一贯主张是"圣人之治：虚其心，实其腹"，两者结合，使得老子认为只有发展农业才是国家的头等大事，才是最大的德行。

"重积德则无不克。"把农业发展好了，国家的根基就稳固了，就不怕各种困难了。这叫作"手中有粮，心中不慌"。

"无不克则莫知其极；莫知其极，可以有国。"因为农业这个国家的根基打好了，什么问题都不怕了，那么国家的发展前景就会非常好，很难看到上限。做到这个程度，统治者就可以得到天下的人心了。

"有国之母，可以长久。"统治者掌握了"道"，又懂得"夫唯啬，是谓早服"，就等于掌握了治理国家的根本，国家就会长治久安。

"是谓深根固柢，长生久视之道。"持守道，掌握了国家发展的根本（农业），就是给国家打下了深厚的根基，这才是天下长久发展的正确道路。

"治人"的意思是"治理人民"。

"事天"的意思是"从事于道，践行道"。

"啬"通"穑"，本义是"将粮食收入仓库"，引申为"发展农业"。

"早服"的意思是"早做准备"，引申为"头等大事"。

"重积德"的意思是"很重很大的德行"。

"深"是动词，意思是"加深"。

"固"是动词，意思是"巩固，稳固，坚固"。

"柢"指"树木的根"，引申为"基础"。

本章中容易误解的地方有三个：

1. "事天"的意思是"践行道"，容易误解为"事奉上天"。

2. "啬"通"穑"，本义是"将粮食收入仓库"，引申为"发展农业"。"啬"容易误解为"俭约，爱惜，保养"。

"啬"是本章的关键字，一旦把"啬"的含义搞错了，这一章的含义就全部搞错了。因为"节约"或者"爱惜精力"，一个国家就什么困难都不怕了，就没有发展的上限了，就可以长治久安了，怎么可能？如果治理国家这么简单的话，那还要道和德干什么？还要无为而治干什么？老子还有必要苦口婆心地写这五千多字的《道德经》吗？

3．"重积德"的意思是"很重很大的德行"，容易误解为"不断地积蓄德"，而将"重 zhòng"误解为"重 chóng"。

【企业治理】

治人事天，莫若钱。

1．"钱"作为商业社会的一般等价物，对企业的重要程度等同于粮食对国家的重要程度，因此，卓越的领导者非常"看重钱"。

2．企业这个"天下谷"是四个资源的交汇场所，四个资源指智力资源、资本资源、商品市场资源和政策资源。离了四个资源中的任何一个，企业都无法活下去。四个资源中最根本的是资本资源，因为企业的基础品性是创造和交换，而钱是一般等价物。

3．常说的"企业的造血机制"首先就是"造钱机制"。"造钱"是企业最大的德。

第六十章

【原文】

治大国，若烹小鲜。

以道莅（lì）天下，其鬼不神；

非其鬼不神，其神不伤人；

非其神不伤人，圣人亦不伤人。

夫两不相伤，故德交归焉。

【译文】

治理大国，要像烹调小鱼一样，不能干扰人民。

依道治理天下，鬼就发挥不了神力；

不但鬼发挥不了神力，而且鬼的神力也不会干扰人民；

不但鬼的神力不会干扰人民，得道的统治者也不会干扰人民。

鬼的神力和统治者都不干扰人民，因此人民的本性禀赋就可以
得到保存了。

【解读】

本章讲"无为而治"，关键词是"不干扰"。其中"治大国，

若烹小鲜"是《道德经》中的名言之一。

烹调小鱼时,小鱼不用处理,要完整地放入锅里,而且在烹调的时候不能随意搅和翻动,务必小心翼翼,因为小鱼很容易碎烂。老子认为治理国家和"烹小鲜"很像,天下也是很脆弱的,统治者也要小心翼翼,不能随便干扰人民。

统治者只要遵从道的品性,道法自然,无为而治,人民就会"我自然",连鬼都没有用武之地。

老子并不迷信,他创立道就是要打破迷信鬼神的虚无主义,给人们以新的指引,因此,老子在这里所说的"鬼",并不是指人死后而成为的鬼,而是指"心机智巧"。所谓"魔由心造,妖自人兴",鬼神本身并不存在,都是人造出来的。当人们都皈依道时,鬼神(心机智巧)也就没有存在的空间了。当然,要求每个人都修道信道是不现实的,毕竟还有"下士闻道大笑之",关键在于统治者,只要统治者不离道,天下就不会失道。

"故德交归焉"的意思是"因此人民的本性禀赋就可以得到保存了",因为心机智巧带来的乱象不能干扰人民,圣人也不会干扰人民,所以人民就可以按照自己的本性自然而然地生活了。

本章中容易误解的地方有三个:

1. "鬼"在这里指代"心机智巧",容易误解为"人死以后而成的鬼"。

2. "神"在这里指的是"鬼的神力",也就是"心机智巧的干扰和破坏作用",这也是老子说"两不相伤"而不是"三不相伤"

的原因。"神"容易误解为"神祇"。

3. "伤"的意思是"干扰",容易误解为"伤害,侵犯"。

【企业治理】

有人的地方就有江湖。企业里人多心多,"鬼"也多。如何应对这些"鬼",是领导者非常头疼的问题。卓越的领导者"以不变应万变",一切牛鬼蛇神、魑魅魍魉,统统以企业文化镇之。只要领导者持守核心竞争力和企业文化,"鬼"就没有用武之地。凡是"鬼魔乱舞"的企业,领导者一定是失了道。

企业里的三大"鬼":逆企业文化而行的人、掌握特殊资源的人、善于蛊惑人心的人。

第六十一章

【原文】

大国者下流，天下之牝，天下之交也。

牝常以静胜牡，以静为下。

故大国以下小国，则取小国；小国以下大国，则取大国。

故或下以取，或下而取。

大国不过欲兼畜（xù）人，小国不过欲入事人。

夫两者各得所欲，大者宜为下。

【译文】

大国就像河流的下游一样，是天下的雌性，是天下所归附的地方。

雌性总是以安静来胜过雄性，因为安静是下位。

所以，大国对小国谦下，就能取得小国的信任；小国对大国谦下，就能取得大国的包容。

所以，有的因为谦下而信任他国，有的因为谦下而被他国信任。

大国不过是想要聚养人，小国不过是想要归附人。

这样两者都可以满足愿望，大国应该处于下位。

【解读】

本章讲"无为而治",关键词是"下"。

"下流"指的是河流的下游,代指"众人之所恶"的地方,因为河流经过上游的藏污纳垢之后,到了下游时,已经很脏了,位置也很低了,所以人们都不喜欢"下流"。

"牝"指雌性,"牡"指雄性。雌性总是处于下位,以静制动,最后败下阵来的一定是雄性。

第三十六章中说:"执大象,天下往,往而不害,安平太。"大国的统治者只要遵循大道的品性,谦下,包容,道法自然,无为而治,天下自然会归附,自然会安定和谐。所以老子说,大国要像河流的下游一样,做天下的雌性,做天下归附的地方,其实是要大国的统治者持守道,依道而行,无为而治。

得道的统治者并不以兼并所有的国家为目的,而是致力于追求整个社会的安定和谐,"圣人常善救人,故无弃人;常善救物,故无弃物"。因此,得道的统治者"不以兵强天下",而是"终不自为大,故能成其大",其中的法门就两个字——善下。

【企业治理】

一.卓越的领导者都喜欢"下流"。

卓越的领导者"处众人之所恶","为谷,为溪,为下",所以"天下往",这叫作"得道者多助"。拙劣的领导者"处众人之上"，天下的资源来了也会被他踩在脚下，所以，只好又都走了，这叫作"失道者寡助"。

二．大企业兼畜人，小企业入事人。

企业是一个小生态，行业是一个中生态，国家或天下是一个大生态，只有生态健康，企业才能健康，生态平衡一旦被打破，生态中的所有企业都会处于危险之境地。因此，大企业要肩负起整个行业兴盛发展的责任，要帮助小企业，给小企业活路；小企业要依附大企业，把大企业当做靠山，要努力活下去，活下去才有其他的可能。

对小企业赶尽杀绝的大企业，实际上是在自掘坟墓。

第六十二章

道者，万物之奥；善人之宝，不善人之所保。

美言可以市，尊行可以加人。

人之不善，何弃之有？

故立天子，置三公，虽有拱璧以先驷马，不如坐进此道。

古之所以贵此道者何？

不曰：求以得，有罪以免邪？

故为天下贵。

【译文】

道，是万物的庇荫；是善于用道之人的宝贝，是不善于用道之人的依靠。

赞美道可以换来不善于用道的人亲近道，遵道而行可以感染不善于用道的人学习道。

人就算不善于用道，又怎么会被道遗弃呢？

因此，统治者继位，大臣就职时，虽然会先奉上拱璧再奉上驷马，不如坚守道、推崇道。

古代重视道的原因是什么呢？

| 道德经与企业治理 |

不正是说：人们没有的，道可以帮助他们获得；人们做错的，道可以帮助他们改正吗？

所以天下人才如此尊崇道。

【解读】

本章讲"无为而治"，强调了"道不弃人"。

对于统治者而言，其理想无非就是得到天下并治理好天下，最好的办法就是持守道，无为而治，以无私至至私，以不争为争。

虽然有些人不善于用道，甚至不认可道，但他们却离不开道。善于用道的人，其一言一行都会影响不善于用道的人，都会对不善于用道的人形成教化，即"美言可以市，尊行可以加人"，也就是"善人者，不善人之师；不善人者，善人之资"。

人们尊崇道，是因为：人们没有的，道可以帮助他获得；人们做错的，道可以帮助他改正，即"求以得，有罪以免"，因为道"常善救人，故无弃人；常善救物，故无弃物"。

因此，对于统治者来说，什么拱璧驷马，都不如持守道、践行道更有意义。如果统治者能明白这个道理，天下自然就会归附于他，即"故为天下贵"，也就是"执大象，天下往"。

"奥"原指"房屋的西南角，古时祭祀时设置的神主或尊者居坐之处"，这里引申为"庇荫"。

"三公"是古代地位最尊显的三个官职的合称，周时三公指"太师、太傅、太保"。

"拱璧"即"大璧"，比喻"珍贵之物"。

"驷马"指"同拉一辆车的四匹马"。

"坐"的意思是"坚守，常驻，不动"。"进"的意思是"推崇，赞扬"。"坐进此道"的意思是"坚守道，推崇道，赞扬道"。

本章中容易误解的地方有六个：

1. "善人"的意思是"善于用道的人"，容易误解为"善良的人"。

2. "不善人"的意思是"不善于用道的人"，容易误解为"不善良的人"。

3. "美言可以市"的意思是"赞美道可以换来不善于用道的人亲近道"，容易误解为"美妙的言辞可以用于社交"。

4. "尊行可以加人"的意思是"遵道而行可以感染不善于用道的人学习道"，容易误解为"高贵的行为可以赢得尊敬"。

5. "不如坐进此道"的意思是"不如坚守道、推崇道"，容易误解为"不如用道来作为献礼"。"道"不是一个具体的东西，是不能当做礼物送来送去的，道也不是别人能够给予的，只能自己修炼。

6. "求以得，有罪以免"的意思是"人们没有的，道可以帮助他们获得；人们做错的，道可以帮助他们改正"，容易误解为"有求必应，有罪可免"。反正"有罪可免"，坏人岂不是可以为所欲为了吗？反正"有求必应"，人们岂不是可以不劳而获了吗？显然这种译解是错误的。

【企业治理】

一．美言可以市，尊行可以加人。

企业的经营之道为：对内强大核心竞争力，对外强大资源（包括智力资源、资本资源和商品市场资源等）。强大资源的最好办法是持守核心竞争力，践行企业文化，这样做的结果是："口碑"得以化育，"吸引定律"得以发挥效用，进而感染更多的资源归附企业。这不是一个显性的交换，因此，往往被领导者所忽视。卓越的领导者能洞悉这一奥秘，从而使得企业资源丰盛，基业长青。

二．求以得，有罪以免。

卓越的领导者善于教化人。对于人们想要的，领导者可以帮助他获得，比如收益、成长和实现理想；对于做得不够好的人，领导者可以帮助他完善自我，不断进步。

真正强大的企业文化就像大海一样，具有自我净化能力。不管是什么品性的人，一旦进入企业，就会受到企业文化的净化，从而成为企业文化的践行者。这是一个"周行而不殆"的正向循环。这种净化带来的直接结果是：求以得，有罪以免。

第六十三章

【原文】

为无为，事无事，味无味。

大小多少；报怨以德。

图难于其易，为大于其细。

天下难事，必作于易；天下大事，必作于细。

是以圣人终不为大，故能成其大。

夫轻诺必寡信，多易必多难（nán）。

是以圣人犹难之，故终无难矣。

【译文】

所作为的是"无为"，所从事的是"无事"，所品味的是"无味"。

加大小的，增加少的；以德行来化解各种问题。

图谋困难的事，要在它还容易的时候；成就伟大的事，要在它还微小的时候。

天下的难事，一定开始于容易；天下的大事，一定开始于微小。

得道的统治者从来不自以为了不起（从来不以为自己可以不遵行"图难于其易，为大于其细"的原则），所以能成就他的伟大。

轻易许诺的人必定是很少能兑现诺言的人；把事情看得很简单

| 道德经与企业治理 |

的人，必定会遇上很多困难。

所以，得道的统治者总是特意把事情看得很困难，最终反而没有困难。

【解读】

本章讲"无为而治"，强调了"图难于其易，为大于其细"。

治理天下是最大最难的事，得道的统治者总是"豫兮若冬涉川，犹兮若畏四邻，俨兮其若客"，如履薄冰，如临深渊。

得道的统治者明白"图难于其易，为大于其细"的道理，所以他恪守"以终为始"的治理原则，即"以想要的最终结果来衡量起始阶段的作为"。在事情还处于很容易、很小的开始阶段，就小心谨慎，把困难预想得很充分，这才是他最终成就伟大的秘密。

"大小多少"的意思是"加大小的，增加少的"，也就是事物从起始逐渐发展完成的过程，与后面的"图难于其易，为大于其细"意思一致。

"报怨以德"的意思是"在'加大小的，增加少的'的过程中，会遇到各种各样令人不满意的情况，遇到这种情况，得道的统治者会以德行来化解，也就是持守道，为无为、事无事、味无味"，是对"大小多少"的进一步说明，并启承后面的"图难于其易，为大于其细"。

"圣人终不为大，故能成其大"的意思是"得道的统治者从来不自以为了不起，从来不自以为可以不遵行'图难于其易，为大于其细'的原则，所以能成就他的伟大"，和上下文的意思是贯通的。

"夫轻诺必寡信，多易必多难"的意思是"轻易许诺的人往往无法兑现诺言，因为他总是把事情看得很容易，其结果是，必定会招致更多的困难"，这种人的做法和圣人的做法正好相反，是违背"图难于其易，为大于其细"的。

本章的中心点在"图难于其易，为大于其细"，通篇都是在阐释这句话。"为无为，事无事，味无味。大小多少；报怨以德"是"图难于其易，为大于其细"的思想纲领，而"天下难事，必作于易；天下大事，必作于细。是以圣人终不为大，故能成其大。夫轻诺必寡信，多易必多难。是以圣人犹难之，故终无难矣"是"图难于其易，为大于其细"在得道的统治者身上的应用。因此，每一句话的解读都要联系上下文，进而形成一个统一的整体，不能各解各的，从而把完整的内容割裂成碎片。

本章中容易误解的地方有三个：

1. "大小多少"的意思是"加大小的，增加少的"，其中"大"和"多"都是动词，容易误解为"大小多少不必计较"。

2. "报怨以德"的意思是"以德行来化解各种问题"，也就是"持守道来化解各种问题"，其中"报"是"回应，解决"的意思，"怨"是"不满意，责备"的意思。"报怨以德"容易误解为"不论别人对自己的怨恨有多大，都要用清静无为的道德来应对。"。

3. "圣人终不为大，故能成其大"的意思是"得道的统治者从来不自以为了不起，从来不自以为可以不遵行'图难于其易，为大于其细'的原则，所以能成就他的伟大"，和上下文的意思是贯通的。"圣人终不为大，故能成其大"容易误解为"圣人从不自以为伟大，所以能够成就他的伟大"。

【企业治理】

一．以终为始。

事情刚刚启动的时候，可能多种启动方案都有其正确性，从而导致难以抉择。而起始时的抉择错误，将对企业造成难以估量的损失。鉴于此，非常有必要确立一个抉择的衡量标准，那就是"以终为始"。卓越的领导者总是能在事情的起始阶段就做出正确的抉择，因为他善于"以终为始"。

"以终为始"即用所期望的事情的最终结果来反观起始，给予起始以正确的指引。

二．报怨以德。

人只有在一种状态下是不会遭遇困难的，那就是死亡，除此之外，人总是无法避免困难。鉴于此，喜欢抱怨的人是非常多的。卓越的领导者善于"报怨以德"，不管遇到什么困难，只持守一个信念：用德行化解它，也就是用企业文化化解它。

"报怨以德"不是一种能力，而是一种态度，是一种价值观。

三．轻诺者必寡信。

脑子都不过一下，拍拍胸脯就说"保证完成任务，一定没问题"，这样的人就是不定时炸弹，随时都有可能引发破坏性爆炸。按照墨菲定律的说法，这种人越到关键时刻越掉链子。所以，卓越的领导者不会相信口头的承诺，只相信"图难于易，为大于细"的"行动式承诺"。

第六十四章

【原文】

其安易持，其未兆易谋。

其脆易泮（pàn），其微易散。

为之于未有，治之于未乱。

合抱之木，生于毫末；九层之台，起于累（lěi）土；千里之行，始于足下。

为者败之，执者失之。

是以圣人无为故无败，无执故无失。

民之从事，常于几（jī）成而败之。

慎终如始，则无败事。

是以圣人欲不欲，不贵难得之货；学不学，复众人之所过，以辅万物之自然而不敢为。

【译文】

情况安定时容易把握，尚无迹象时容易图谋。

事物脆弱时容易化解，微细时容易消散。

要在事情尚未发生时就处理好，要在祸乱尚未发生前就控制住。

两支手臂合起来才能抱住的大树，是从小牙苗长成的；九层的高台，是从第一框土堆起来的；千里的行程，是从第一步开始的。

喜欢干涉事物发展的人会失败，喜欢控制事物发展的人会失去。

得道的统治者不干涉，所以不会失败；不控制，所以不会失去。

人们做事情，总是在快要成功时失败。

在事情快要完成时也要像刚开始那样慎重，就没有做不成的事。

所以，得道的统治者想要的就是"没有干涉事物发展的欲望"，不稀罕"违背事物发展的正常规律而得到的非正常结果"；想学的就是"不去学习人们常常犯的错误"，把"人们做得错误的地方"恢复成正常的操作，辅助"万物的本性禀赋"而不敢刻意作为。

【解读】

本章讲"无为而治"，强调了"慎终如始"，其中"千里之行，始于足下"是《道德经》中的名言。

事情从起始到完成的整个过程中会经历很多变化，比如"起始时简单，越往后越复杂，越往后问题越多"。在事情起始阶段就把各种困难预想得很充分，及时预判到接下来要发生的情况，并提前拿出预案，问题就很容易解决；等问题积累到很多的时候再解决，就很难了。所以老子告诫统治者要"为之于未有，治之于未乱"。

凡事都要遵循事物的本性禀赋，不能急于求成。为了早日达成目的，而人为地干涉或控制事物的正常发展，比如"拔苗助长"，表面看似乎很快，其实欲速则不达，注定会失败。因此，老子告诫统治者"为者败之，执者失之"。所以，得道的统治者"没有干涉事物发展的欲望"，不稀罕"违背事物发展的正常规律而得到的非正常结果"，"不去学习人们常常犯的错误"，努力把"人们做得错误的地方"恢复成正常的操作，辅助"万物的本性禀赋"而不敢刻意作为，即"是以圣人欲不欲，不贵难得之货；学不学，复众人之所过，以辅万物之自然而不敢为"，也就是"为无为，事无事"，"生而不有，为而不恃，长而不宰"。

为什么很多人总是在事情眼看就要成功的时候却失败了呢？因为人们往往在事情开始的时候比较谨慎，越往后注意力越不集中，越往后越没有耐心，也就是不能做到"慎终如始"，容易违背"为之于未有，治之于未乱"的原则，容易犯"为者败之，执者失之"的错误，这叫作"行百里者半九十"。

得道的统治者"无为而无不为"，"慎终如始，则无败事"。

"泮"的意思是"散开，溶解"。

"毫末"指"毫毛的末端"，比喻"极其细微"。

"累"是"堆积，积累"的意思，"累土"指"一筐土一筐土地堆积"。

本章中容易误解的地方有三个：

1. "民之从事，常于几成而败之"中的"几成"是"几乎成功，差一点就成功"的意思，容易将"几成"误解为"十分之几"。

2. "难得之货"的意思是"违背事物的正常发展规律而得到的非正常结果"，是背离道的表现，容易误解为"难以得到的稀罕货品"。

3. "是以圣人欲不欲，不贵难得之货；学不学，复众人之所过，以辅万物之自然而不敢为"的意思是"所以，得道的统治者想要的就是没有干涉事物发展的欲望，不稀罕违背事物发展的正常规律而得到的非正常结果；想学的就是不去学习人们常常犯的错误，把人们做得错误的地方恢复成正常的操作，辅助万物的本性禀赋而不敢刻意作为"。这段话容易脱离上面的语境，而突兀地误解为"有道的圣人追求人所不追求的，不稀罕难以得到的货物，学习别人所不学习的，补救众人所经常犯的过错。这样遵循万物的自然本性而不会妄加干预"，这样就和上文脱钩了，脱离了本章的中心思想，显得不伦不类。

【企业治理】

一．慎终如始。

"行百里者半九十"是一种流行病。这种病不只在个人中流行，在企业中也很流行。这种病之所以不好治，是因为病人不懂"慎终如始"的道理。

"慎终如始"的前提是"以终为始"，首先保证起始是正确的，然后做到始终如一地坚持和努力，始终如一的慎重，那么事情就一定会成功。如果起始是错误的，"慎终如始"反而会让企业损失更大，这就是"福祸相依"的道理。

二．不贵难得之货。

"贵难得之货"的思想根源是"猎奇"和"急于求成"。当领导者出现猎奇或急于求成的欲望时，就会做出违背事物发展的正常规律的事，比如"造假"，势必把企业带入万劫不复之地。

卓越的领导者不管是"以正治国"还是"以奇用兵"，都坚定不移地持守道，践行无为而治，不贵难得之货。

第六十五章

【原文】

古之善为道者，非以明民，将以愚之。

民之难治，以其智多。

故以智治国，国之贼；不以智治国，国之福。

知此两者亦稽（jī）式。

常知稽式，是谓玄德。

玄德深矣，远矣，与物反矣。然，后乃至大顺。

【译文】

从前善于用道的统治者，不是以道教导人民智巧伪诈，而是以道教化人民淳厚朴实。

人民之所以难以治理，就是因为智巧伪诈太多。

因此，用教导人民智巧伪诈的治理方式来治理国家，是国家的灾祸；用教化人民淳厚朴实的治理方式来治理国家，是国家的福气。

知道这两种治理方式，也就是明白了治理天下的法则。

总是处于明白法则的状态，就是神奇的德。

神奇的德深奥啊，幽远啊，与人们的认识是相反的啊。持守玄德，然后就能使天下实现最大的和顺安定。

【解读】

本章讲"无为而治",强调了"将以愚之",进一步阐述了"其政闷闷,其民淳淳"的含义。

"非以明民,将以愚之。"这里的"明"不是"通明"的意思,而是动词,是"教化人民智巧伪诈"的意思;"愚"也不是"愚昧"的意思,也是动词,是"教化人民淳厚朴实"的意思。

最后一句中的"与物反矣"与第一句"古之善为道者,非以明民,将以愚之"相呼应,指明得道的统治者和人们的惯常认识是相反的。人们推崇的智巧,得道的统治者反而认为是真正的愚蠢;人们厌恶的愚蠢,得道的统治者反而认为是大智若愚。"民多利器,国家滋昏;人多伎巧,奇物滋起",所以,得道的统治者用道来教化人民走向真正的智慧聪明,而不是推崇智巧伪诈之类的小聪明,即"其政闷闷,其民淳淳"。

"稽式"的意思是"范式,法则"。

"物"指代"人们"。

"然"是"认可,照着做"的意思,这里指"持守玄德",也就是"持守道"。

本章中容易误解的地方有四个:

1. "将以愚之"的意思是"以道教化人民淳厚朴实",容易误解为"用道来教人民愚昧",将"愚"误解为"愚蠢,愚昧"。

2. "以智治国"的意思是"用教导人民智巧伪诈的治理方式

来治理国家"，与前面的"明民"呼应，容易误解为"用智巧伪诈去治理国家"。相应的，"不以智治国"的意思是"用教化人民淳厚朴实的治理方式来治理国家"，与前面的"愚之"呼应，容易误解为"不用智巧伪诈去治理国家"。

3．"与物反矣"的意思是"和人们的惯常认识是相反的"，容易误解为"和万物一起返回"。

4．"然，后乃至大顺"中的"然"是"认可，照着做"的意思，这里指"持守玄德"，也就是"持守道"；"后"是"之后"的意思；"然，后乃至大顺"的意思是"持守玄德，然后就能使天下实现最大的和顺安定"。"然"和"后"容易误解为连词"然后"。

【企业治理】

一．要"愚民"，不要明民。

企业里往往不缺乏小聪明，而缺乏大智慧。小聪明的领导者喜欢教化团队更加推崇小聪明，从而使企业陷入彻底的机会主义黑洞。卓越的领导者喜欢教化团队纯真厚朴，从而使企业整体显现出大智若愚的文化教养，这是基业长青的大福相。

二．与物反矣。

企业治理最要紧的是维护"平衡"。团队朝西的时候，领导者一定要朝东；团队躁动的时候，领导者一定要沉静；团队冒进的时候，领导者一定要扯扯后腿；团队务末，领导者就一定要务本。卓越的领导者善于"与物反矣"，这叫作"冲气以为和"。

第六十六章

江海所以能为百谷王者，以其善下之，故能为百谷王。

是以圣人欲上民，必以言下之；欲先民，必以身后之。

是以圣人处上而民不重，处前而民不害。

是以天下乐推而不厌。

以其不争，故天下莫能与之争。

【译文】

江海之所以能成为百川归往之处，是因为它善于处在比百川低下的位置，所以能成为百川之王。

所以，得道的统治者想要居于人民之上，一定会言语谦下；想要居于人民之前，一定会谦让退后。

所以，得道的统治者处于领导的位置，而人民不会有负担；站在前面，而人民不会觉得有妨碍。

所以天下人都愿意拥戴他，而不会嫌弃他。

因为得道的统治者从来不和人争，所以天下没有人能和他相争。

【解读】

本章讲"无为而治",强调了"下"和"不争"。

得道的统治者善于"知雄守雌,知白守黑,知荣守辱",善于"和光同尘",进而"我无为,而民自化;我好静,而民自正;我无事,而民自富;我无欲,而民自朴",这是至高境界的争,当然没有对手。

老子在《道德经》中反复强调"不争",其实老子的不争并不是彻底的不争,而是一种大争的理念和境界,类似于《孙子兵法》中的"不战而屈人之兵"。因为,如果是彻底的不争,那么又何必"善下之""以言下之""以身后之"呢?直接归隐山林,不问红尘世事,不是更省事吗?显然,老子所说的不争不是真的不争,而是最高境界的争,是为了得到天下、治理好天下的大争。

【企业治理】

企业聚集人才的目的是为了最大限度地利用知识资源和能力资源,卓越的领导者非常清晰这一目的,因此,会顺其自然,无为而治,给予人才最大的发挥空间和自由。做到了这一点,就能实现"处上而民不重,处前而民不害",这叫作"光而不耀"。他所领导的企业"以其不争,故天下莫能与之争"。

拙劣的领导者"处上而民重,处前而民害",因为他总以为自己最重要,事事干涉,处处掣肘,团队完全没有发挥能动性的空间,这叫作"为者败之,执者失之"。他所领导的企业"争而不得"。

道德经与企业治理

其中，"处上而民重，处前而民害"的一个具体表现是：员工的工作负荷不断加大，员工的健康受到越来越大的威胁，过劳死、自杀事件频繁发生。鉴于此，近年来，一些卓越的企业开始把团队的健康置于战略高度来重视，不仅在工作环境的改善方面大费心机，而且在饮食、健身、心理辅导等方面不断加大投入，甚至设计出加班者罚款的强制休息措施，起到了很好的带头作用。

第六十七章

【原文】

天下皆谓我道大，似不肖。夫唯大，故似不肖。若肖，久矣其细也夫！

我有三宝，持而保之：一曰慈，二曰俭，三曰不敢为天下先。

慈故能勇；俭故能广；不敢为天下先，故能成器长（zhǎng）。

今舍慈且勇，舍俭且广，舍后且先，死矣！

夫慈，以战则胜，以守则固。天将救之，以慈卫之。

【译文】

天下都认为我的道太大了，似乎什么都不像。正因为祂太大了，所以什么都不像。如果道像什么东西，早就变成很渺小了。

其实我的道像三个法宝，我一直掌握并保存着：第一个是"慈爱"，第二个是"俭约"，第三个是"不敢居于天下人之先"。

因为慈爱，所以能够勇敢；因为俭约，所以能够物尽其用；因为不敢居于天下人之先，所以能够成为天下的领袖。

而今，舍弃了慈爱却还要追求"勇"，舍弃了俭约却还要追求"广"，舍弃了谦退却还要追求"先"，死路一条啊！

拿慈爱来说，用来征战则可以获胜，用来守卫则可以稳固。如果道要救助一个人，一定会用慈爱来保护他。

【解读】

本章讲"无为而治"，阐述了著名的"三宝"。

道无边无量，无形无相，"似不肖"，对于常人来说，的确不好理解，所以老子简而化之，把"道之用"总结为三大法宝。老子的三大法宝很厉害。

"慈"对应人。"慈"不是一般的爱，而是"母亲的慈爱"。道为万物之母，万物都是道的孩子，所以"圣人皆孩之"。母亲对于孩子的爱是慈悲的，平等的，宽容的，自然而然的，用之不尽的。女子柔弱，为母则刚，因为有慈爱，所以母亲坚强而勇敢，即"慈故能勇"。以爱而战，当然能胜，想打败一位母亲是很难的；以爱来守卫，当然坚固，想从母亲手里夺走一个孩子，是不可能的；所以"以战则胜，以守则固"。如果想救助一个人，没有比把他当做自己的孩子一样去救助更有效的了，即"天将救之，以慈卫之"。

"俭"对应物。"俭"是"俭约，不浪费，珍惜，物尽其用"。道作为万物之母，当然会格外爱惜自己的孩子（万物），因此"俭"一定是道的重要品性之一。其实浪费的本质是"滥用物力"，只有将万物的效用发挥到极致，才是真正的俭约，即"俭故能广"。

"不敢为天下先"对应统治者。"不敢为天下先"即"持静守弱，谦下，不争"。

得道的统治者善于使用这三大法宝，顺其自然，无为而治，从而天下得以安定和谐。"舍慈且勇；舍俭且广；舍后且先"是背道而驰，当然是死路一条。

"肖"的意思是"相似，像"。

"器"指"器物"，这里指代"天下万物"。

"且"的意思是"还"。

本章中容易误解的地方有两个：

1. "俭"的意思是"俭约，物尽其用"，容易误解为"节约，舍不得用"。

2. "天"在这里指代"道"，容易误解为自然界的"天"。

【企业治理】

一．带兵要慈。

《增广贤文》中说"慈不掌兵"，老子却说"带兵要慈"。如果领导者能像对待自己的孩子一样对待团队和消费者，还有做不成的企业吗？

家长们都知道，对待孩子，"慈"是发自内心的，是本能，而从这个本能衍化出来的具体行为却是为了"教化"，这种教化是无为而无不为的，这就是卓越的领导者的品性。

因为慈，所以勇，勇于爱，勇于负责，勇于柔弱，勇于下，勇于教化，勇于不敢，这叫作"哀兵必胜"。

| 道德经与企业治理 |

二·管理只是一个字：俭。

所谓企业管理，只有一个目的，就是"资源效用最大化""人尽其才，物尽其用"，其中的最高管理法则就是"俭"。

俭是持守核心竞争力和企业文化，顺应企业资源的本然，将资源的效用发挥到极致，这叫作"俭故能广"。俭是企业和内部、企业和外部的极致和谐，是企业的社会效用最大化的最高法则。

第六十八章

【原文】

善为士者，不武；

善战者，不怒；

善胜敌者，不与；

善用人者，为之下。

是谓不争之德，是谓用人，是谓配天，古之极也。

【译文】

善于担任将帅的，不崇尚武力；

善于作战的，不轻易动怒；

善于克敌制胜的，不直接与敌人交战；

善于领导军队的，对兵将态度谦下。

这叫作不与人争的德行，叫作用兵之道，叫作符合道的品性，这是自古以来军事战争的最高境界。

【解读】

本章讲的是"无为而治"，阐述了老子的"军事思想"。

本章再次阐述了老子的"大争"思想。统治者要想得到天下，治理好天下，是离不开军队的，然而，如何使用军队，却大有学问。古往今来，拥有强兵悍将的军队最终败北的有很多，细究其失败的原因，往往和军队无关，而是和领导者的理念及态度有关，和领导者对战争的认知有关。老子的军事思想则要高明得多，他教导统治者以天下苍生为念，以无为而治为理想，"善为士而不武；善战而不怒；善胜敌而不与；善用人而为之下"，这才是古往今来军事战争的最高境界，是大争的境界。

最大的争是战争；最大的不争是无为而治。得道的统治者"善为士，善战，善胜敌，善用人"，却"不武，不怒，不与，为之下"，这"四善三不一下"就叫作"天下之至柔，驰骋天下之至坚"，叫作"弱之胜强，柔之胜刚"，叫作"夫唯不争，故天下莫能与之争"，叫作"慈"和"俭"，叫作"配天"。这是一个统治者所能做到的最高境界了。

本章中容易误解的地方有四个：

1. "善为士者""善战者""善胜敌者""善用人者"均指"得道的统治者"，容易误解为"一般的将军或领兵打仗的人"。纵观整部《道德经》，我们可以清楚地了解到，在老子的心目中，能悟道的人是极少极少的，能悟道并施行无为而治的人更是少之又少，所以他老人家才在第七十章中说"吾言甚易知，甚易行。天下莫能知，莫能行""知我者希，则我者贵"，因而，老子所说的悟道的人只能是极少数的统治者，而不可能是其他更多的人。而本章所说的"是谓不争之德，是谓用人，是谓配天，古之极也"，也只能是得道的统治者，而不可能是其他人。

2. "用人"中的"人"指代"兵将"，"用人"的意思是"领导军队"，容易误解为"使用人"。

3. "配天"的意思是"符合道的品性"，容易误解为"符合自然规律"或"符合天道的法则"。

4. "古之极也"的意思是"这是自古以来军事战争的最高境界"，容易误解为"这是自古已有的最高理想"或"这是自古以来的最高准则"。

【企业治理】

任何企业都逃不开竞争。对于竞争，不同的领导者表现出不同的认知和态度，进而导致不同的行为和结果。

卓越的领导者以天下苍生为念，"善为士而不武，善战而不怒，善胜敌而不与，善用人而为之下"，这是商业竞争的最高境界，是大争的境界。要达到这种境界，关键在于对核心竞争力和企业文化的把握，在于对无为而治的把握。

第六十九章

【原文】

用兵有言：吾不敢为主，而为客；不敢进寸，而退尺。

是谓行无行，攘（rǎng）无臂，扔无敌，执无兵。

祸莫大于轻敌，轻敌几丧吾宝。

故抗兵相若，哀者胜矣。

【译文】

指挥军队的人说过：我不敢采取攻势，而是采取守势；我不敢前进一寸，而是后退一尺。

就是说，虽然有阵法，但看起来好像没有阵法一样；虽然要撸起袖子大干一场，但看起来好像没有手臂一样；虽然要引诱敌人，却好像不知道敌人在哪里一样；虽然要挥动兵器，却好像找不到兵器一样。

没有比轻敌更大的祸患了，轻敌就等于丧失了"慈"这个法宝。

所以，两军对抗而实力相当的时候，"慈"的一方会取得胜利。

【解读】

本章讲"无为而治",进一步阐释了"以奇用兵",强调了"哀兵必胜"。

第三十一章中说:"夫兵者,不祥之器,物或恶之,故有道者不处。君子居则贵左,用兵则贵右。兵者不祥之器,非君子之器,不得已而用之,恬淡为上。"得道的统治者虽然知道战争不是好事,并极力避免战争,但现实是残酷的,战争是不可能杜绝的,万不得已而必须打仗时,还是要全力求胜,所以老子教导统治者要"以奇用兵"。本章正是对"以奇用兵"的具体阐述。

"以奇用兵"是"无为而治"在战争中的运用,是"阴谋"。

最大的阴谋莫过于"慈兵作战"。别人打仗是为了胜利,是为了占有和控制,而得道的统治者打仗是为了天下百姓,是为了天下的安定和谐,是为了保护自己的"孩子","慈故能勇","以战则胜",当然"哀者胜矣"。

第二厉害的阴谋是"以弱胜强,以静制动,以退为进",是"反者道之动"。弱不是真弱,是假装示弱,所以要"行无行,攘无臂,扔无敌,执无兵",对手肯定认为,这支队伍也太逊了吧,毫无章法,这个时候对手就上当了,轻敌了。静不是不动,而是躁不失君,让对手先躁动起来,让对手"躁则失君",所以"吾不敢为主,而为客"。退不是真退,而是为了更好地前进,先让对手一回,以助长对手的骄躁之心,所以"不敢进寸,而退尺"。

"祸某大于轻敌。"得道的统治者"静,退,示弱",同时诱导对手"动,进,逞强",自己谨慎再谨慎,而助长对手的轻敌之心。

一切都和对手反着来。这样"以奇用兵",还有不胜的道理吗？

"为客,退尺,行无行,攘无臂,扔无敌,执无兵",描述的是得道的统治者"不轻敌"的具体表现,明明有实力,却好像没有实力一样谨慎小心;同时,也是对"以奇用兵"的实战性阐释。

"攘臂"的意思是"捋起袖子,露出胳膊表示振奋","攘无臂"的意思则是"虽然要撸起袖子大干一场,但看起来好像没有手臂一样"。

"抗兵"的意思是"相互对抗的军队,敌对的军队","抗兵相若"的意思是"两支相互对抗的军队实力差不多"。

"哀"的意思是"同情,怜悯",这里特指三宝中的"慈"。

【企业治理】

一．慈兵必胜。

"心中装着全人类的福祉"叫作"慈",持守慈的企业有着无穷无尽的精神势能,一旦转化为竞争动能,则无往而不利。卓越的领导者不会让企业丢掉"慈"这个法宝。

将慈的精神势能转化为竞争动能的枢纽是企业文化,也就是核心竞争力。

二．竞争靠的是"阴谋"。

俗话说商场如战场,但实际上商场比战场更复杂,鉴于此,简单粗暴的赤膊战是难以持久的。国际一流的企业,人们往往看不到他们有啥特别的举动，可他们的市场地位偏偏没有人能撼动，正是"阴谋"所起的作用。

阴谋是看不见的，阳谋是看得见的，当阴谋和阳谋由玄之又玄的核心竞争力和企业文化化育，并激荡冲和，便成了对手无法战胜又无法模仿的市场竞争力。这就是顶级企业"一直被模仿，从未被超越"的奥秘所在。

第七十章

【原文】

吾言甚易知，甚易行。天下莫能知，莫能行。

言有宗，事有君。夫唯无知，是以不我知。

知我者希，则我者贵。

是以圣人被（pī）褐怀玉。

【译文】

我说的关于道的言论很容易理解，也很容易实践。天下的人却都不能理解，也不能实践。

我说的关于道的言论都有出处，关于道的行事都有根据。正因为天下人都不知道我的言论有出处，不知道我的行事有根据，所以不理解我。

能理解我的人很少，能效法我的人就更难得了。

所以，得道的统治者虽然怀里揣着美玉，但外面却穿着粗布衣服。

【解读】

本章讲"无为而治"，关键词是"被褐怀玉"。

老子的道外表朴素而内涵丰富，但人们往往只关注表象的东西，而不在意内在的道理。所以，要求所有人都能领悟道，践行道，是不现实的。其实，老百姓要的并不是得道，而是和谐美好的生活。老子睿智地发现，天下和谐与否的关键在于统治者，而不在百姓，只要统治者领悟了道，能够施行无为而治，天下就会和谐安定，人民就会幸福快乐。正因为深知这些道理，所以老子从来不会试图让人们都领悟道，而是把教化的重点放在了统治者身上。所以老子告诫统治者要"被褐怀玉"，没必要让人们都知道你得道了，统治者只要遵循道的品性，无为而治就好了。

"则我"的意思是"效法我"。

"被褐"的意思是"穿着粗布衣服"，"被"是"覆盖"的意思，"褐"指的是"粗布衣服"。

【企业治理】

要求所有员工都领悟领导者的想法，既无必要，也不可能。但领导者必须让每一个员工都知道企业在想什么，企业要干什么，这叫作"团队化育"，也就做"浑其心"，即让每一个员工的工作价值观和企业价值观激荡合和，实现"人企合一"。"人企合一"是企业治理的最高境界。

实现人企合一并不难，秘密就在无为而治里。

第七十一章

【原文】

知不知，尚矣；

不知知，病也。

圣人不病，以其病病。

夫唯病病，是以不病。

【译文】

领悟了道，但没有心机智巧，这样最好；

没有领悟道，但很有心机智巧，这是缺点。

得道的统治者没有这种缺点，因为他把"不知知"当做缺点。

正因为得道的统治者把"不知知"当做缺点，所以才避免了这种缺点。

【解读】

本章讲"无为而治"，再次强调了"不以智治国，国之福"。

"知不知。"得道者通明透彻，但没有心机智巧，这叫作大智若愚，是得道者的典型品性之一。

"不知知。"没有领悟道，却有心机智巧，这叫作小聪明，是一种缺点。

本章是对第六十五章中的"民之难治，以其智多。故以智治国，国之贼；不以智治国，国之福"和第七十章中的"夫唯无知，是以不我知"的呼应和进一步说明。

本章中容易误解的地方有两个：

1. "知不知"的意思是"领悟了道，但没有心机智巧"，容易误解为"知道，但不自以为知道"。

2. "不知知"的意思是"没有领悟道，但很有心机智巧"，容易误解为"不知道，而自以为知道"。

"想当然"式的字面译解是很普遍的现象，这对《道德经》的传承是一种很大的危害。译解《道德经》必须坚定不移地持守"无为而治"这一主题思想，并紧密结合每一章的语境，否则就极易出现误解。

【企业治理】

"不知知"是一种流行病，在企业里尤甚。企业的失败往往源于决策失误，而决策失误则多源于"不知知"。很多领导者是很缺乏深入研究的精神的，惯于在一知半解的情况下武断决策，并很乐于把这种坏习惯传染给团队。

卓越的领导者善于以核心竞争力和企业文化教化团队，并"不以智治国"，从而使团队保持真朴的状态和作风。

想准确地判断企业里到底哪些行为属于背离核心竞争力的心机智巧，哪些属于合乎核心竞争力的正确行为，并不简单。领导者要沉心静气，不迷不乱，始终把关注点放在"无"上，只有这样，才能不被表象所迷惑。

第七十二章

【原文】

民不畏威，则大威至。

无狎（xiá）其所居，无厌（yā）其所生。

夫唯不厌（yā），是以不厌（yàn）。

是以圣人自知不自见（xiàn），自爱不自贵。

故去彼取此。

【译文】

当人民不害怕统治者的威权时，说明无为而治已经形成了无形无相的至大威严。

统治者不打扰人民的生活，不压迫人民的生机。

正因为统治者不压迫人民，所以人民不厌恶统治者。

所以，得道的统治者有自知之明，而不显扬自己；爱惜自己，而不自以为高贵。

因此，得道的统治者舍弃"自见，自贵"，而保持"自知，自爱"。

【解读】

本章讲"无为而治",强调了"民不畏威,则大威至"。

当政治达到至高的成就时,天下安定和谐,万物生生不息,人们自愿自觉地呈现出道德,"圣人处上而民不重,处前而民不害","天下乐推而不厌"。这时候,天下不再有有形的威权,而是道之无形无相的至大威权,是大德至威,这叫作"民不畏威,则大威至"。

自古对于"民不畏威,则大威至"一句多有误解,进而对本章的含义整体上多有误解。人们常把"民不畏威,则大威至"误解为"人民不畏惧统治者的威压,则更大的祸乱就要发生了"。

想搞懂本章的含义,关键在"夫唯不厌,是以不厌"一句。"夫唯不厌,是以不厌"的意思是"正因为统治者不压迫人民,所以人民不厌恶统治者",其中"夫唯"的意思是"正因为"。"夫唯"在《道德经》中多次出现,如第八章中的"夫唯不争,故无尤",第十五章中的"夫唯不可识,故强为之容",第四十一章中的"夫唯道,善贷且成",第六十七章中的"夫唯大,故似不肖"等,在这些篇章中,"夫唯"都是"因为,正因为"的意思,在本章中当然也不例外。

"正因为统治者不压迫人民",也就是"夫唯不厌"一句,承接的是前面的"无狎其所居,无厌其所生",说明"无狎其所居,无厌其所生"一句并无不好的含义,而是对得道的统治者"不压迫人民"的具体描述,那么同样的,"无狎其所居,无厌其所生"所承接的前面的"民不畏威,则大威至"当然也没有不好的含义,不能理解为"人民不畏惧统治者的威压，则更大的祸乱就要发生了"。
"民不畏威，则大威至"是本章的中心思想，呼应的是第十七章中的"太上，下知有之"和"功成事遂，百姓皆谓：我自然"。

"狎"的意思是"打扰"，"无狎"的意思是"不打扰"。

"厌（yā）"的意思是"压迫"，"无厌（yā）"的意思是"不压迫"。

本章中容易误解的地方有两个：

1. "民不畏威，则大威至"的意思是"当人民不害怕统治者的威权时，说明无为而治已经形成了无形无相的至大威严"，与下文的意思是贯通的，容易误解为"人民不畏惧统治者的威压，则更大的祸乱就要发生了"。

2. "夫唯不厌，是以不厌"的意思是"正因为统治者不压迫人民，所以人民不厌恶统治者"，容易误解为"只有不压制人民，才不会被人民讨厌"。

【企业治理】

"不怒自威"是一种很高的境界。卓越的领导者修为高深，能做到不怒自威。卓越的企业道德（核心竞争力和企业文化）深厚，也能做到不怒自威。这个威不是令人害怕的威，而是令人敬仰的威，是令人诚心归附的威，这叫作"大德至威"。为什么当人们说起某些顶级企业时，内心深处会不由自主地生出敬畏之心？奥秘就在这里。

企业的大威的源点在企业文化，企业文化越深厚的企业越容易获得人们的敬畏，因为企业文化深厚的企业德行深广。人们对企业的敬畏之心往往表现在慈爱、陪伴、包容、理解和忠诚等方面。

拥有至大威严的企业是很容易获得人们的忠诚的，假以时日，就会形成一种宗教信仰般的市场效应。有的企业已经做到了这个境界。

第七十三章

【原文】

勇于敢则杀，勇于不敢则活。此两者，或利或害。

天之所恶（wù），孰知其故？

是以圣人犹难（nán）之。

天之道，不争而善胜，不言而善应（yìng），不召而自来，繟（chǎn）然而善谋。

天网恢恢，疏而不失。

【译文】

勇于敢作敢为，就会丧命；勇于不敢作为，就会活命。这两种勇，一个获利，一个受害。

道所厌恶的，谁知道是什么缘故呢？

所以，得道的统治者格外慎重地看待"勇"。

道，不争斗反而善于获胜，不说话反而善于回应，不召唤反而自动过来，言行舒缓反而善于谋划。

道的罗网广大无边，虽然疏松但不会有漏失。

【解读】

本章讲"无为而治"，进一步阐释了"反者道之动"，其中"天网恢恢，疏而不失"是《道德经》中的名言。

"勇于敢则杀。"敢作敢为，在常人看来是很不容易的事，是被人们所推崇的，但得道的统治者却不这么认为。得道的统治者认为"逞强，妄动"是会招致灾祸的，会使天下动荡，甚至走向末路，这叫作"物壮则老，是谓不道，不道早已"，叫作"坚强者死之徒"。

"勇于不敢则活。"不敢做不敢为，往往为常人所不齿，得道的统治者却认为"勇于不敢"才是真正的勇敢，"不逞强，不妄动"才能使万物生生不息，这叫作"柔弱者生之徒"。

"天之所恶，孰知其故？"这句话其实是自问自答，不是没人知道，因为道知道，得道的统治者也知道。

"天之道"即"道"。道的运动方式是"反"，所以不能以常规方式理解道。常人崇尚"勇于敢"，道却是"勇于不敢"；常人崇尚通过争斗而获胜，道却是"不争而善胜"；常人崇尚滔滔不绝来应答，道却是"不言而善应"；常人崇尚大声呼唤来聚拢人，道却是"不召而自来"；常人崇尚躁动速断，道却是"繟然而善谋"。

不要抱侥幸心理，以为某个统治者"勇于敢"而国家仍然可以活得很好，因为"天网恢恢，疏而不失"，逆道而行一定会招致灾殃。

本章中容易误解的地方有两个：

1. "天之道"即"道"，容易误解为"自然法则"。

2. "天网"的意思是"道的罗网"，容易误解为"自然的罗网"或"自然的范围"。

【企业治理】

一. 勇于不敢。

"勇于敢"的领导者很多，"勇于不敢"的领导者极少。"勇于敢"的领导者平庸，"勇于不敢"的领导者卓越。

勇于不敢的领导者持守慈，在内对股东和团队负责，在外对消费者和合作伙伴负责。因为慈，所以战战兢兢，"为柔，为弱，为下，为退"，反而可以"夫唯不争，故天下莫能与之争"。遗憾的是，很多企业崇尚"勇敢"的领导者，是很危险的。

二. 天网恢恢。

"机会主义者"的重要心理标志是"侥幸"，总以为自己不会那么倒霉，可结果偏偏就是那么倒霉，因为"天网恢恢，疏而不失"。所以卓越的领导者从来不拿企业的命运去冒险，从来都是"以正治企，不抄小道"。

第七十四章

【原文】

民不畏死，奈何以死惧之？

若使民常畏死，而为奇者，吾将得而杀之，孰敢？

常有司杀者杀。

夫代司杀者杀，是谓代大匠斲（zhuó）。

夫代大匠斲者，希有不伤其手者矣。

【译文】

人民不怕死，又何必用死亡来恐吓人民呢？

如果想让人民总是怕死，那么对于那些胡作非为的人，我就抓来杀掉，看谁还敢再胡作非为？

总有掌管生杀大权的人去负责杀人的事。

代替专管杀人的人杀人，就像代替大木匠去砍木头一样。

代替大木匠去砍木头，很少有不砍伤自己手的。

【解读】

本章讲"无为而治"，告诫统治者不要"背道而驰"。

拿死亡来威胁老百姓是很愚蠢的做法，但很多统治者却乐此不疲，殊不知老百姓根本不怕死。

其实，统治者并没有权力决定人民的生死，生杀大权掌握在"道"的手里，而道"常善救人，故无弃人"。如果统治者背道而驰，非要代替道行使生杀大权，则"勇于敢则杀"，所以历史上经常上演官逼民反的大戏，这就叫作"夫代大匠斲者，希有不伤其手者矣"。

老子在第五十七章说得非常明白："天下多忌讳，而民弥贫；人多利器，国家滋昏；人多伎巧，奇物滋起；法令滋彰，盗贼多有。故圣人云：我无为，而民自化；我好静，而民自正；我无事，而民自富；我无欲，而民自朴。"所以统治者要"以正治国"，道法自然，无为而治。

另外，老子之所以提到"民不畏死"，也是看到了当时人民的疾苦。人民已经到了活不下去的地步，所以才不怕死。面对人民的疾苦，统治者要休养生息，"治人事天，莫若啬"，让老百姓吃饱肚子，活下去。人民都已经活不下去了，如果统治者再施行暴政，那就不只是"夫代大匠斲者，希有不伤其手矣"了，而是官逼民反，改朝换代了。

"奇"的意思是"反常的，诡异的，阴暗的"，"为奇"的意思是"胡作非为"。

"司杀者"指的是"掌管杀人的人"，"司"是"掌管，操作"的意思。

"斲"古同"斫"，意思是"用刀、斧等砍"。

| 道德经与企业治理 |

【企业治理】

在企业里，有三种情况会导致"民不畏死"：第一个是收入过低，第二个是工作强度过大，第三个是前途无望。

鉴于此，卓越的领导者善于"衣养万物"和"宽严相济"。首先，在收入方面给予员工满足，叫作"实其腹"；其次，在持守核心竞争力和企业文化的前提下，不干涉、不控制，给予员工充足的发挥空间，叫作"我无为，而民自化"。

第七十五章

【原文】

民之饥，以其上食税之多，是以饥。

民之难治，以其上之有为，是以难治。

民之轻死，以其上求生之厚，是以轻死。

夫唯无以生为者，是贤于贵生。

【译文】

人民之所以陷于饥饿，是因为统治者收税太重，所以人民三餐不饱。

人民之所以难以治理，是因为统治者作为太多，所以人民不平则鸣。

人民之所以轻易犯死，是因为统治者穷奢极欲，所以人民忍无可忍。

因为不过于看重个人享受而胡乱作为的统治者，的确胜过过于看重个人享受的统治者。

【解读】

本章讲"无为而治"，强调了"无以生为"。

"饥，难治，轻死"，人民从饿肚子，到轻微地反抗，再到以死相拼，层层递进，说明统治者的横征暴敛、胡作妄为、穷奢极欲越来越过分，而老百姓的疾苦越来越深重。

得道的统治者不会把天下当做实现个人欲望的工具，而是"圣人常无心，以百姓心为心"，"万物恃之以生而不辞，衣养万物而不为主"，这叫作"无以生为"。

"食税之多"的意思是"吃掉太多税收"，也就是"收税太重"。

"求生之厚"的意思是"过度看重生命，过度追求个人享受"。

"轻死"的意思是"轻易犯死"，也就是"反抗，造反，以命相搏"。

"无以生为"的意思是"不因为个人享受而妄为"。

"贤于"的意思是"胜过，强过"。

"贵生"的意思是"看重生命，重视个人享受"。

【企业治理】

"领导者与企业的关系"是领导者必须深思的命题。

企业是造福人类的经济组织，领导者在其中扮演着布道者的角色。一旦企业沦为领导者满足个人欲望的工具，则领导者为"盗夸"，而企业将万劫不复。

事实证明，绝大部分的领导者不会思考"领导者与企业的关系"，或者没有思考得很明白。一般人认为"领导者的天职是努力经营好企业，并实现利润的最大化"，这种认识是不完整的，因为它没有回答"企业实现利润最大化的终极目的是什么"的问题。从终极意义的层面来说，人类的一切有意义的行为都是为了增进全人类的福祉，都是为了整个人类的进步，进而"为人的来源和归宿做出合理的解释"。只有在这个前提下去思考"领导者与企业的关系"，才能得到正确的指引。

领导者与企业的关系分为三个层次：

最低层次：企业是领导者实现个人欲望的工具，领导者是企业的控制者。

中等层次：企业是领导者实现理想的载体和平台，领导者是企业的掌舵者。

最高层次：企业是造福人类的组织，领导者在其中扮演布道者的角色。

| 道德经与企业治理 |

第七十六章

【原文】

人之生也柔弱，其死也坚强。

草木之生也柔脆，其死也枯槁（gǎo）。

故坚强者死之徒，柔弱者生之徒。

是以兵强则灭，木强则折（shé）。

强大处下，柔弱处上。

【译文】

人活着的时候身体是柔软的，死了以后就变得僵硬了。

小草和树木活着的时候是柔脆的，死了以后就变得干枯了。

所以坚强的东西属于死亡的一类，柔弱的东西属于生存的一类。

所以使用武力过盛了就容易败亡，树木长得过于强硬了就容易折断。

强大的处于劣势，柔弱的处于优势。

【解读】

本章讲"无为而治"，强调了"柔弱胜刚强"。

人之生死，草木之生死，是可以通过观察获得的经验，但道的"以至柔至至坚"的品性却是难以领悟的，因此，很多统治者不能践行道。正是基于这样的状况，老子才反反复复地强调"柔弱胜刚强"的重大意义。

"柔弱"和"坚强"是阴阳一体互生互化的关系；极致的柔弱便是坚强，极致的坚强便是柔弱；柔弱之中蕴藏着坚强，坚强之中蕴藏着柔弱；选择柔弱，是为了激发更大的坚强，选择坚强，反而会得到柔弱的结果。取得天下，治理天下，都需要足够强大的力量才能完成，越是强大的坚强越是蕴藏于柔弱之中，因此，老子才一再告诫统治者要"贵柔守弱"。本章中，老子更是提出了"坚强者死之徒，柔弱者生之徒"的严厉训诫，以再次提醒统治者："兵者，不祥之器，非君子之器。""以道佐人主者，不以兵强天下。"唯有持守道，无为而治，才能"夫唯不争，故天下莫能与之争"，才是"生之徒"。

【企业治理】

一．给小企业留条活路。

大企业实力强盛，但卓越的领导者不会恃强凌弱，一定会给小企业留一条活路，这是很大的德行。当大企业对小企业赶尽杀绝的时候，大企业的末路也就不远了，这叫作"兵强则灭"。

二．僵尸企业。

有的企业活着，但已经死了，因为它陷入了"坚强者死之徒"的境地。体制僵化了，文化僵化了，思想也僵化了，已经没有了生机。这种企业叫作"僵尸企业"。

第七十七章

【原文】

天之道，其犹张弓与？

高者抑之，下者举之；有余者损之，不足者补之。

天之道，损有余而补不足。

人之道则不然，损不足以奉有余。

孰能有余以奉天下？唯有道者。

是以圣人为而不恃，功成而不处，其不欲见（xiàn）贤。

【译文】

道的法则，不就像拉弓射箭一样吗？

弓弦拉得高了就放低一点，拉得低了就抬高一点；拉得过满就放松一点，拉得不够就用力一点。

道的法则，是以道德教化万物，补足万物欠缺的道德。

人的法则，是减少道德修养，而增加智巧和欲望。

谁可以把有余的拿出来供给天下人呢？只有得道的统治者可以。

因此，得道的统治者有所作为而不仗恃己力，有所成就而不居功，他不愿意显露自己的过人之处。

| 道德经与企业治理 |

【解读】

本章讲"无为而治"，关键词是"平衡"。

对"天之道，损有余而补不足；人之道则不然，损不足以奉有余"一句，流行的译解是"自然的法则，是减去有余的并且补上不足的；人世的作风就不是如此，是减损不足的，用来供给有余的"，这个译解是错误的，原因在于：

1. 道"生而不有，为而不恃，长而不宰"，为什么还要"损有余而补不足"呢？这不是自相矛盾吗？

2. 按照流行的译解，"天之道"岂不是在搞"平均主义"吗？那么，宇宙万物的丰富性和多样性如何保持呢？而且，事实上道并不是这么做的，比如：海王星上很冷而金星上很热，道并没有施以平均；喜马拉雅山很高而太平洋很低，道也没有施以平均；有的人命运很好而有的人命运很悲惨，道也没有施以平均。类似的现象比比皆是。

3. "人之道"说的是整个人类，而不是特指权贵阶层。按照流行的译解，权贵阶层通过减损人民的财富来供给自己，那么，人民减损谁的来供给自己呢？人民减损谁的什么？又供给自己什么呢？

4. 按照流行的译解，任何一个愿意做公益的或者有善心的人都可以把自己有余的奉献给天下，为什么只有"有道者"才可以呢？因此，后面的"孰能有余以奉天下？唯有道者"就无法解释了。

既然上面的译解是错误的，那么正确的译解应该是怎样的呢？

搞通本章含义的钥匙是"孰能有余以奉天下？唯有道者"一句。只要搞明白"有道者是把自己有余的奉给天下，还是把别人有余的奉给天下？奉给天下的到底是什么"，就能解开本章的本来含义了。

得道者指的是得道的统治者。按照《道德经》的描述，得道的统治者自己有余的只有"道德"和"权力"，没有别的，因为他"生而不有，为而不恃，长而不宰"。道德和权力都无法奉给天下，只能利用道德和权力去做可以奉给天下的事，也就是无为而治，从而实现天下的平衡与和谐。得道的统治者也可以利用道德和权力把权贵阶层的财富奉给天下，但这解决不了根本问题，所以这并不是老子要做的事。同时，权贵阶层也是天下的一部分，道不仁、无亲、以万物为刍狗，也不会把权贵阶层的东西拿出来奉给穷人。因此，得道的统治者能做的"有余以奉天下"的只有施行无为而治，这才是实现天下平衡与和谐的根本办法。

"孰能有余以奉天下？唯有道者"呼应了"圣人常善救人，故无弃人；常善救物，故无弃物"。

所以，"天之道，损有余而补不足"中的"有余"是"道德"，"不足"是"道德不足"。"天之道，损有余而补不足"的译解应该是："道的法则是，以道德教化万物，补足万物欠缺的道德"。

"人之道，则不然，损不足以奉有余"中的"有余"是"智巧和欲望"，"不足"是"道德不足"。"人之道，则不然，损不足以奉有余"的译解应该是："人的法则是，减少道德修养，而不断地增加智巧和欲望。"

"人之道"和"天之道"看似相反，却是符合"人"这一物种的本性禀赋的，因为道在创生人类的时候，赋予了人类"意识"，意识的存在自然会滋生欲望，这是人类的本性禀赋，这并不违背道。所以人需要治理，而其他万物不需要治理，这就是为什么老子用了"人之道"而不是"万物之道"的说法的逻辑原理。

因为得道的统治者施行无为而治，所以"为而不恃，功成而不处，不欲见贤"，这叫作"善行无辙迹"。

本章中容易误解的地方有两个：

1. "天之道"即"道"，容易误解为"自然的法则"。

2. "天之道，损有余而补不足。人之道则不然，损不足以奉有余"的意思是"道的法则，是以道德教化万物，补足万物欠缺的道德。人的法则，是减少道德修养，而增加智巧和欲望"，容易误解为"自然的法则，是减去有余的并且补上不足的。人世的作风就不是如此，是减损不足的，用来供给有余的"。

【企业治理】

一．经营就是资源整合。

"经营"指的是企业的经济运营，指向的是利润及企业的终极目标。

经营的关键是"资源整合"，即持守核心竞争力，把智力资源、资本资源、商品市场资源、政策资源、时间资源等整合在一起，形成有利于企业发展的经济模式，这叫作"损不足以奉有余"。

二．管理就是资源分配。

"管理"指的是企业内部的管辖治理，指向的是效率。

管理的关键是"资源分配"，即根据经营目标的需要，把智力资源、资本资源、商品市场资源、政策资源、时间资源等合理地分配到企业的各个活动中，以实现人尽其才、物尽其用，以最大限度地提高企业的发展效率，这叫作"损有余而补不足"。

第七十八章

【原文】

天下莫柔弱于水，而攻坚强者莫之能胜，以其无以易之。

弱之胜强，柔之胜刚，天下莫不知，莫能行。

是以圣人云：受国之垢，是谓社稷主；受国不祥，是为天下王。

正言若反。

【译文】

天下没有比水更柔弱的了，而攻坚克强却没有比水更厉害的，因为水是无可替代的。

弱可以胜强，柔可以胜刚，天下人没有不知道的，但没有能做得到的。

所以，得道的统治者说：能承受得起一国之屈辱的，才可以称为国家之主；能承担得起一国之灾祸的，才可以成为天下之王。

正面的道理，听起来好像在说反话。

【解读】

本章讲"无为而治"，关键词是"柔弱"。

"柔弱"是道的典型品性，老子在反复强调。水滴石穿，狂涛巨浪，水"柔弱胜刚强"的品性是可以经验的，所以"天下莫不知"。但水除了强大，还有"处众人之所恶"的一面，这是常人所不喜欢的，所以"天下莫能行"。而得道的统治者却不然，他"知其雄，守其雌，为天下溪；知其荣，守其辱，为天下谷"，所以他能"受国之垢，受国不祥"，所以他才能成为天下的统治者。

得道的统治者的做法总是和常人反着来的，因为他是天下最有智慧的人，是得道的人，这叫作"反者道之动"。老子不仅反复强调"反"，而且始终践行"反"，整部《道德经》的表达基调都是"正言若反"。

"易"的意思是"换，交换，替代"。

"垢"通"诟"，意思是"屈辱，耻辱，辱骂"。

【企业治理】

一．领导者都是背锅侠。

卓越的领导者善于"处众人之所恶"，能够"受国之垢，受国不祥"，什么屈辱啊、过错啊，领导者第一个站出来承担。荣誉留给别人，委屈留给自己，这叫作"外其身而身存，后其身而身先"。

二．知行合一。

说归说，做归做，讲道理时侃侃而谈，践行道理时消失不见，这叫作"天下莫不知，莫能行"，这种领导者实在太多了。卓越的领导者持守道，践行道，"行不言之教，处无为之事"，"是为天下王"。

第七十九章

【原文】

和大怨，必有余怨；报怨以德，安可以为善？

是以圣人执左契，而不责于人。

有德司契，无德司彻。

天道无亲，善人常与。

【译文】

人民对统治者的重大仇怨经过调和以后，必定还有余留的怨恨；怨恨已经产生，统治者再以德行来调和人民的怨恨，这怎么算是善于用道呢？

所以，得道的统治者好像保管着借据的存根，而不要求人民偿还。

有德行的统治者像掌管借据的人一样总是向人民付出，无德行的统治者像掌管税收的人一样总是向人民索取。

道没有任何偏爱，善于用道的人总是与道同行。

【解读】

本章讲"无为而治"，关键词是"无私"。

人民为什么会对统治者有仇怨呢？因为统治者总是不断地向人民索取，即"无德司彻"，各种苛捐杂税，人民不堪重负，就会怨声载道，奋起反抗。当人民的怨恨积累到一定程度的时候，统治者不得不假装"无为而治"来调和人民的怨恨，这就是"报怨以德"。等人民的反抗没那么激烈后，统治者继续压榨人民。就这样恶性循环着。

　　这一幕是不是很熟悉？这样愚蠢的政治在历史上数不胜数。老子非常清楚这种情况，因此，质问统治者："安可以为善？"这怎么能算是善于用道呢？这只不过是心机智巧罢了。"民之难治，以其上之有为。"统治者背道而驰，贪心不足，就像掌管收税的人一样，总是向人民索取，这才是仇怨产生的根源。而得道的统治者就像拿着借据却不要求人们偿还的人一样，即"有德司契"，人民何怨之有？没有仇怨，当然不需要调和了，更不需要"报怨以德"。

　　所以，老子认为，报怨以德并不是什么好事，反而是社会不和谐的表现。无为而治才是最有效的治理模式，这叫作"天道无亲，善人常与"。

　　"契"在这里指"借款协议"，"左契"由出借人持有，"右契"由收款人持有。

　　"彻"是"租税"的意思，"司彻"即"负责收取租税"。

　　"天道"在这里指代"道"。

本章中容易误解的地方有两个：

1. "德"即"道"，是"道之用"，是"万物运行的根本驱动力量"，"有德"的意思是"持守道"，"无德"的意思是"背离道"。"德"容易误解为"伦理道德的德"。整部《道德经》中所说的"德"都和伦理道德无关。

2. "报怨以德，安可以为善"的意思是"怨恨已经产生，统治者再以德行来调和人民的怨恨，这怎么能算是善于用道呢"，上接"和大怨，必有余怨"。"报怨以德，安可以为善"容易误解为"以德行来回应怨恨，这怎么算是善良呢"，更有甚者，因为无法领悟这句话的含义并与上下文贯通，而直接把"报怨以德"从本章中删除了，实在令人遗憾。

3. "天道无亲，善人常与"的意思是"道没有任何偏爱，善于用道的人总是与道同行"，容易误解为"自然规律没有任何偏爱，总是和善良的人同行"。前面说"自然规律没有任何偏爱"，后面紧接着又说"总是和善良的人同行"，既然没有任何偏爱，为何又总是和善良的人同行呢？这不是自相矛盾吗？而且这样译解也违背了"圣人常善救人，故无弃人；常善救物，故无弃物"的原则。之所以容易出现这样的误解，因为"天道无亲，善人常与"一般写作"天道无亲，常与善人"，应纠正过来，写作"天道无亲，善人常与"。

【企业治理】

一．有人的地方就有恩怨。

水至清则无鱼，在企业里，小的怨恨难以避免，也不必杜绝，因为人性是复杂的。但当企业中出现大面积的怨恨时，领导者就务必要警醒了，因为企业治理一定是出了大问题。

卓越的领导者善于"报怨以德"，即以企业文化来化解怨恨。但，卓越的领导者更善于"为之于未有，治之于未乱"，其秘诀便是"以企业文化畜养企业万有"。

二．因为无亲，所以和谐。

维护企业的和谐很难，破坏企业的和谐很容易。其中，对企业的和谐威胁最大的是"领导者有亲有仁"。卓越的领导者把"是否符合核心竞争力和企业文化"作为衡量企业行为的唯一标准，没有亲疏远近之分，所以能成就最大的公平和和谐。

第八十章

小国寡民。

使有什（shí）伯之器而不用。

使民重死而不远徙。

虽有舟舆（yú），无所乘之；虽有甲兵，无所陈之。

使民复结绳而用之。

甘其食，美其服，安其居，乐其俗。

邻国相望，鸡犬之声相闻，民至老死，不相往来。

【译文】

国土的面积要小，人口要少。

即使有各种器具也不使用。

使人民爱惜生命而不冒险远走他乡。

虽然有船只车辆，却用不着乘坐；虽然有武器装备，却派不上用场。

使人民恢复到结绳记事的生活状态。

使人民吃得香甜，穿得漂亮，住得安逸，活得快乐。

相邻的国家彼此相望，相互之间能听到鸡鸣狗叫的声音，人民可以活到自然老死，国家之间不会相互侵犯。

【解读】

本章描述了老子心目中的"理想之国"。

周朝的中央政权之下管理着很多小的邦国，相当于现在的省市，老子在本章中所说的"国"指的就是这种小的邦国，而不是天下。

老子认为，邦国划分得越小，邦国的人口越少，越容易实现无为而治。当一个邦国实现了无为而治后，人民就会完全回归到真朴的状态，单纯、快乐、知足。在这样的社会状态下，"使有什伯之器而不用。使民重死而不远徙。虽有舟舆，无所乘之；虽有甲兵，无所陈之。使民复结绳而用之。甘其食，美其服，安其居，乐其俗。邻国相望，鸡犬之声相闻，民至老死，不相往来"，说的是统治者施行无为而治，人民绝学无忧，生活幸福美满，天下和谐安定，没有战争，国与国之间没有相互侵犯，所以人民不用乘坐舟舆来回奔波，军事装备也派不上用场。

"使有什伯之器而不用。使民重死而不远徙。虽有舟舆，无所乘之；虽有甲兵，无所陈之。使民复结绳而用之"呼应的是"绝学无忧""夫物芸芸，各复归其根。归根曰静，静曰复命。复命曰常，知常曰明""故令有所属：见素抱朴，少私寡欲"和"百姓皆谓：我自然"，也就是人民都持守自己的本性禀赋，回归纯真朴实的自然而然的状态，没有贪欲，没有心机智巧，没有乱象。

"甘其食，美其服，安其居，乐其俗"呼应的是"虚其心，实其腹，弱其志，强其骨"。

"邻国相望，鸡犬之声相闻，民至老死，不相往来"说的是国与国之间和平相处，相互之间没有战争。其中"民至老死"说的是人民可以自然衰老，寿终正寝；"不相往来"的意思是"不相互侵犯"，其主语是"邻国"，而不是"民"。

本章是老子基于当时的社会状况而设想的无为而治的理想状态，但绝对不是让人们回归原始，因为在老子的理想国里还是有"器、舟舆、甲兵"的，只不过因为安定和谐而用不上而已，人民还是有"甘食、美服、安居、乐俗"的，这样的国家是强盛的、和谐的、美好的、进步的。同时，老子的理想国不仅指物质生活方面，更是一种精神境界。很多人以为老子的小国寡民是"乌托邦"式的幻想，实际上，只要人类足够努力，就一定能够实现这一理想。

《道德经》五千言，老子"援道入国"，从宏观到微观，为整个社会构建了完善而系统的"无为而治"的治理模式，实在是用心良苦。

"什伯"的意思是"很多，多种多样"。

"舆"指"车"。

"结绳"即"结绳记事"，指远古时代，语言产生之后文字产生之前，人们以在绳子上打结的方式记录事情。

本章中容易误解的地方有两个：

1. "民至老死"的意思是"人民可以自然地衰老死去"，也

| 道德经与企业治理 |

就是"人民可以健康地生活,寿终正寝"。"民至老死"容易和后面的"不相往来"连起来,误解为"人民从生到死,互相不往来"。

2. "不相往来"的意思是"不相互侵犯",其主语是"邻国",而不是"民"。"不相往来"容易与前面的"民至老死"连起来,误解为"人民从生到死,互相不往来"。

【企业治理】

"小国寡民"的治理模式如果运用到企业,将是非常极致的治理模式。

小国寡民的本质是"道法自然,无为而治",即"以核心竞争力创生,以企业文化畜养,以制度和流程成形,以各种活动完成"。

企业里推行小国寡民的治理模式,和老子说的小国寡民必定会有不同,其中的法门是:让核心竞争力、企业文化和企业万有在每一个"小国"中"化三为一,冲气以为和",达到极致的和谐,即每一个"小国"都是一个极致的和谐体,然后,众多的"小国"构成企业这个大的"和谐体"。

实际上,有些企业已经部分实现了小国寡民的企业治理。

第八十一章

【原文】

信言不美，美言不信。

善者不辩，辩者不善。

知者不博，博者不知。

圣人不积，既以为人己愈有，既以与人己愈多。

天之道，利而不害；圣人之道，为而不争。

【译文】

信守道的人不会花言巧语，花言巧语的人不信守道。

善于用道的人不会心机巧辩，心机巧辩的人不善于用道。

领悟道的人不会卖弄广博的知识，卖弄广博知识的人并没有真的领悟道。

得道的统治者没有保留，他善于付出，自己反而更加充足。

道的法则是，有利于万物而不加以损害；得道的统治者的本性禀赋是，为天下行道却不与天下人争。

【解读】

本章描述了老子心目中的"得道的统治者的理想状态"。

持守道，无为而治，"不美，不辩，不博，不积"，"利而不害，为而不争"，这就是老子心目中得道的统治者的完美形象。

老子从第一章"援道入国"起，到第八十章总结描述了其心目中的"理想国"，再到最后一章总结描述了其心目中的"理想的统治者"止，整整用了八十一章，五千多字，以"天下治理"为主线，以"无为而治"为目标，从多角度、多层面，对统治者施以谆谆教诲，淋漓尽致地展现了千古圣人之悲天悯人的大情怀和大担当，今日读来，依然震撼人心。

本章中容易误解的地方有六个：

1. "信言"的意思是"信守道的人说的话"，容易误解为"实在的话"或"可信的话"。

2. "善者"的意思是"善于用道的人"，容易误解为"善良的人"。

3. "知者"的意思是"领悟道的人"，容易误解为"知道的人"或"有知识的人"。

4. "天之道"即"道"，容易误解为"自然的法则"或"自然的规律"。

5. "圣人之道"的意思是"得道的统治者的本性禀赋"，容易误解为"圣人的规则"或"圣人的作风"。

6. "为而不争"的意思是"为天下行道却不与天下人争"，

也就是"施行无为而治，却不与天下人争"，容易误解为"完成任务而不与人竞争"。

【企业治理】

卓越的领导者悲天悯人，志在天下，所以他总是持守道，重积德，从不背离核心竞争力，从不背离企业文化，"为天下浑其心"，"利而不害，为而不争"，"以其终不自为大，故能成其大"。这样的领导者是商界的圣人，是社会进步的推动者，是人类福祉的创造者，他的一生功勋卓著，福荫万世。